幼儿园保教质量的班级观察评价系统

林培淼 ◎ 著

海峡出版发行集团 | 福建教育出版社

图书在版编目（CIP）数据

幼儿园保教质量的班级观察评价系统/林培淼著.
—福州：福建教育出版社，2023.12
ISBN 978-7-5334-9768-2

Ⅰ.①幼⋯ Ⅱ.①林⋯ Ⅲ.①幼儿园—教育质量—教育评估 Ⅳ.①G612

中国国家版本馆 CIP 数据核字（2023）第 196046 号

You'eryuan Baojiao Zhiliang De Banji Guancha Pingjia Xitong
幼儿园保教质量的班级观察评价系统
林培淼 著

出版发行	福建教育出版社
	（福州市梦山路 27 号　邮编：350025　网址：www.fep.com.cn）
	编辑部电话：0591-83726908
	发行部电话：0591-83721876　87115073　010-62024258）
出 版 人	江金辉
印　　刷	福建新华联合印务集团有限公司
	（福州市晋安区福兴大道 42 号　邮编：350014）
开　　本	889 毫米×1194 毫米　1/16
印　　张	4.5
字　　数	128 千字
插　　页	1
版　　次	2023 年 12 月第 1 版　2023 年 12 月第 1 次印刷
书　　号	ISBN 978-7-5334-9768-2
定　　价	19.00 元

如发现本书印装质量问题，请向本社出版科（电话：0591-83726019）调换。

序

收到我的学生培淼发来课题成果《幼儿园保教质量的班级观察评价系统》，我认真阅读后，十分激动，一方面是看到课题组做了一项有成效的创新研究，能助力幼教高质量发展；另一方面是看到了项目负责人培淼在一线幼儿园扎扎实实工作十多年的身影，没有丰富的一线工作经验，难以把"班级观察"做得如此细微，且操作性强。

当前，推动学前教育高质量发展是教育管理部门及幼教人的工作重点，尤其是教育部发布《幼儿园保育教育质量评估指南》（以下简称《评估指南》）一年多来，幼教界兴起如何有效精准实施《评估指南》精神的研讨热潮。《评估指南》强调把"聚焦班级观察"作为三种评估方式之一，这是国家层面首次提出的关于幼儿园质量评估政策。如何通过"聚焦班级观察"全面、客观、真实地了解幼儿园保育教育过程和质量？过往国内在"班级观察"专项上没有形成系统性评价文件，因此，做好"班级观察"是落实《评估指南》的重点与难点之一。而今，《幼儿园保教质量的班级观察评价系统》率先进行专项研究，研究成果可以给幼教同行提供非常好的借鉴。

《幼儿园保教质量的班级观察评价系统》就班级观察从五个维度进行评价，即立足于"学习环境""一日生活常规""课程计划""课程实施及师幼互动""课程评价"五方面评价幼儿园的班级保育教育质量，其中"学习环境"共8个二级指标，"一日生活常规"共10个二级指标，"课程计划"共4个二级指标，"课程实施及师幼互动"共10个二级指标，"课程评价"共4个二级指标，一共36个二级指标，且对每项质量指标做了非常具有操作性的等级规划。这对落实"以评促建，以评促教"的精神，促进幼儿在园一日生活的保教质量的整体提升具有引领作用。

《幼儿园保教质量的班级观察评价系统》充分体现《3—6岁儿童学习与发展指南》与《评估指南》精神，每一项指标体系都充分体现了"幼儿为本""一日生活皆课程"的教育理念，注重保教质量的整体性考查，且操作性强，能有效发挥引导、诊断、改进、激励功能，引导办好每一所幼儿园，提高幼儿在园一日生活质量，促进学前教育高质量发展。

祝贺培淼及课题组通过扎实的研究，取得阶段性的创新成果，期待幼教同行多提宝贵建议或意见。

2023年7月于广州华南师范大学

前 言

建设高质量的学前教育，离不开质量评价的正确导向与科学指引。当前幼儿园保教质量评估普遍存在"重结果轻过程、重硬件轻内涵、重他评轻自评"等问题，为此，我们应该关注和聚焦保育教育过程质量，尤其是把"幼儿在园一日生活的班级观察"作为质量评估的着力点，推动树立科学的评估导向，落实科学保教实践，引导教研为幼儿园实践、教师专业成长服务，全面提升幼儿园保教质量。

2011—2023年是我国学前教育发展突飞猛进的十二年，我们已经破解"入园难""入园贵"这个人民群众急难愁盼的问题，当下人民群众的需求从孩子"有学上"迈向"上好学"。落实党的十九大提出的"办好学前教育"、实现"幼有所育"指示精神，需要各地切实有效地办好每一所幼儿园，促进幼儿园实现高质量发展。

中共中央、国务院2020年10月13日颁布的《深化新时代教育评价改革总体方案》及教育部2022年2月10日印发的《幼儿园保育教育质量评估指南》，均提出各地要结合实际，确实落实"幼儿为本"的精神，构建以幼儿身心健康发展为导向的学前教育质量评估体系，推动树立科学保育教育理念，全面提高幼儿园保育教育水平，为培养德、智、体、美、劳全面发展的社会主义建设者和接班人奠定坚实基础。

国家对学前教育发展的重大政策越来越完善。近年来，国家层面颁发了关于学前教育的十多份重要文件：2012年教育部颁布《3—6岁儿童学习与发展指南》（教基二〔2012〕4号）、《幼儿园教师专业标准（试行）》（教师〔2012〕1号）和《学前教育督导评估暂行办法》（教督〔2012〕5号）；2013年教育部印发《幼儿园教职工配备标准（暂行）》（教师〔2013〕1号）；2016年教育部颁布《幼儿园工作规程》（第39号）；2018年教育部办公厅发布《关于开展幼儿园"小学化"专项治理工作的通知》（教基厅函〔2018〕57号），中共中央国务院印发《关于学前教育深化改革规范发展的若干意见》；2019年国务院办公厅颁布《关于开展城镇小区配套幼儿园治理工作的通知》（国办发〔2019〕3号），中华人民共和国住房和城乡建设部颁布《托儿所、幼儿园建筑设计规范》（行业标准2019版）；2021年教育部办公厅、住房和城乡建设部办公厅发布《关于加强城镇小区配套幼儿园校舍安全管理工作的通知》（教基厅函〔2021〕26号），教育部发布《关于大力推进幼儿园与小学科学衔接的指导意见》（教基〔2021〕4号），教育部等九部门印发《"十四五"学前教育发展提升行动计划》（教基〔2021〕8号）；教育部2022年印发《幼儿园保育教育质量评估指南》(教基〔2022〕1号)。这些政策性文件为学前教育的发展提供了政策支持。

2022年印发的《评估指南》坚持科学评估，努力完善评估内容、积极改进评估方式，切实扭转不科学、不合理的教育评价倾向。《评估指南》坚持以促进幼儿身心健康发展为导向，聚焦幼儿园内涵发展的核心要素，关注保教过程质量，注重幼儿发展的整体性和连续性，强调有效落实办园方向、保育与安全、教育过程、环境创设、教师队伍等五个重要方面的过程性内容，而这五方面正是影响甚至制约着我国幼儿园教育实践内涵式发展的关键要素。特别是《评估指南》将师幼互动质量作为儿童早期学习和发展的关键指标，表明《评估指南》抓住了学前教育高质量发展的核心命脉。

在评估方式上，《评估指南》强调采取"聚焦班级观察"的方式：通过不少于半日的连续自然观察，了解教师与幼儿互动情况，准确判断教师对促进幼儿学习与发展所做的努力与支持，全面、客观、真实地了解幼儿园保育教育过程和质量。外部评估的班级观察采取随机抽取的方式，覆盖面不少于各年龄班级总数的三分之一。

"聚焦班级观察"这一提法在国家幼儿园质量评估政策中尚属首次，体现了鲜明的过程质量评估导向，能有效落实"一日生活即课程"的理念。鉴于班级观察是真实、客观、全面了解幼儿园保育教育过程的重要方式，也是幼儿园保教质量评价的国际通行做法，《评估指南》特别强调教师将科学保教理念转化为实践，在实践中建立有效师幼关系、开展高质量师幼互动。

但是纵观当前所有文件及各地评估文件，没有对"班级观察"进行质量系统性考查，班级观察的目的、范围、内容等均没有作出详细规定。这也是中国民办教育协会2022年重点课题"民办幼儿园保教质量监测分析"（课题批准号：CANZD22001）在研究过程发现的重要问题。

于是，本课题组集中精力，结合国外研究进展及国内的教育实际，经过10多次研讨、20多次园长访谈及组织26所幼儿园参与讨论及实验，最终形成《幼儿园保教质量的班级观察评价系统》这一成果。

《幼儿园保教质量的班级观察评价系统》以《幼儿园教育指导纲要（试行）》《幼儿园教师专业标准（试行）》《3—6岁儿童学习与发展指南》《幼儿园教职工配备标准（暂行）》《幼儿园工作规程》《中国幼儿园教育质量评价系统》《幼儿园保育教育评估指南》等为指导。在评价系统的编制中始终坚持以下原则：一是注重儿童本位。坚持科学的教育质量观，遵循幼儿身心特点和生长规律。二是注重整体性。幼儿园教育质量评价涉及幼儿园班级观察多个维度、一日生活多个环节，各保教人员以幼儿发展为基础，彼此协调、相互衔接，构成了系统的评价体系。三是体现操作性。加强分类指导，完善评价方式，改进结果评价、强化过程评价。量表既可用于幼儿园管理者或保教人员的自我评价，也可用于教育行政管理部门对幼儿园进行保教质量管理与评价，或者教科研机构对幼儿园开展保教质量评价研究工作。

《幼儿园保教质量的班级观察评价系统》适用于全日制幼儿园保教教育的班级观察质量评估，从五个维度开展评价，即"学习环境""一日生活常规""课程计划""课程实施及师幼互动""课程评价"。其中"学习环境"共8个二级指标，"一日生活常规"共 10 个二级指标，"课程计划"共 4 个二级指标，"课程实施及师幼互动"共 10 个二级指标，"课程评价"共 4 个二级指标。每个质量指标分为五个等级："1"是不适宜，"2"是及格，"3"是一般，"4"是良好，"5"是优秀。整套量表共 36 个二级指标，旨在以评促建，以评促教，实现对幼儿园保教质量的整体引领。

我们通过对珠三角 26 所幼儿园的实地观察，获得 78 个样本班级数据，采用克隆巴赫系数考查，学习环境、一日生活常规、课程计划、课程实施及师幼互动、课程评价五个维度量表的克隆巴赫系数分别为 0.891、0.912、0.902、0.889、0.866，均超过了 0.85，表明各子量表的内部一致性较高，量表的克隆巴赫系数为 0.913，显示出良好的信度，表明量表可靠性较高。课题组期待同行对本量表的信度和效度进一步研究，并提出宝贵意见。

使用《幼儿园保教质量的班级观察评价系统》对幼儿园进行评价诊断，是一项专业性较强的工作，建议使用者在使用前进行必要的培训，理解和掌握本量表的儿童观、教育观，评分要点、标准以及评价方式、信息数据采集的方法和依据，通过现场实际操作和练习掌握评价技能，以便在使用量表过程中准确进行评价和诊断，并从中发现问题，进而开展以问题为导向的教研、培训、调整和优化，真正实现以评促建、以评促教，改善园所教育质量，提升学前教育质量。

本书是课题组研究团队（袁爱玲、朱丽芳、曾玉玲、杨敏、薛艳秋、妥盼、郭慧敏、毕华丽）集体智慧的结晶，衷心感谢每一位课题组成员的辛勤付出，特别感谢我的恩师袁爱玲教授在课题项目实施过程中给予的专业指导，感谢参与本项目研讨、问卷反馈及班级观察测试的园长、老师们。我们期待幼教同行在应用《幼儿园保教质量的班级观察评价系统》后，分享心得或提出宝贵意见，以便我们不断修订与完善之。

林培淼
2023 年 7 月

目 录

一、幼儿园信息 ······ 1

二、评价者信息 ······ 2

三、评价框架条目 ······ 3

四、评价注意事项及评分规则 ······ 5

五、评价系统 ······ 7

 （一）学习环境 ······ 7

 （二）一日生活常规 ······ 17

 （三）课程计划 ······ 28

 （四）课程实施及师幼互动 ······ 32

 （五）课程评价 ······ 42

六、评价汇总表 ······ 46

七、评价反馈报告 ······ 48

附录一　幼儿园保育教育质量评估指南 ······ 51

附录二　构建科学评估体系　全面提高幼儿园保教质量

 ——教育部基础教育司负责人就《幼儿园保育教育质量评估指南》答记者问 ······ 58

一、幼儿园信息

幼儿园信息			幼儿园主管或联系人		
名称			姓名		
地址			职位/职称		
电话			电话		
所观察班级		班级幼儿人数	电子邮箱		
班级工作人员					
主班教师姓名		年龄范围	配班教师姓名		
保育老师或助理教师（含实习教师）					
保育老师或助理教师（含实习教师）			姓名		职位/职称
:::			姓名		职位/职称
:::			姓名		职位/职称

评价者签名：_____ 日期：_____

二、评价者信息

评价时间（请打"√"）													
周一 □		周二 □		周三 □		周四 □		周五 □		周六 □		周日 □	
入园时间							离园时间							
评价者信息													
姓名							单位							
职位/职称							电话							
电子邮箱							微信号							
评价开展情况													
观察开始的日期/时间							观察结束的日期/时间							
访谈开始的日期/时间							访谈结束的日期/时间							
对于在本园实施《幼儿园保教质量的班级观察评价系统》的概括性意见或建议													

评价者签名：_____ 日期：_____

三、评价框架条目

(一) 学习环境	
1. 室内环境的安全性	2. 室内活动区角的规划性
3. 活动区角的合理性	4. 区角材料投放及其标识
5. 区角材料的多样性	6. 区角材料的开放性
7. 户外环境的安全性	8. 幼儿的作品成果展示
(二) 一日生活常规	
1. 相对固定的一日生活流程	2. 一日生活流程各环节安排合理
3. 幼儿自主活动时间	4. 幼儿户外活动时间
5. 幼儿小组活动时间	6. 幼儿集体活动时间
7. 幼儿分享成果时间	8. 合理过渡环节时间
9. 幼儿餐点盥洗时间	10. 幼儿充分午睡时间
(三) 课程计划	
1. 课程教学计划	2. 课程教学内容
3. 课程教学过程	4. 教师协同效果

续表

（四）课程实施及师幼互动	
1. 营造温暖友爱的氛围	2. 关注幼儿入园情绪
3. 满足幼儿基本生理需求	4. 支持与鼓励幼儿自主选择
5. 倾听幼儿的表达	6. 发现和支持幼儿主动学习
7. 鼓励幼儿同伴互动	8. 尊重并回应幼儿的想法
9. 肯定幼儿的努力过程	10. 处理幼儿间突发冲突
（五）课程评价	
1. 教师观察记录与反思	2. 幼儿的档案记录
3. 观察评价工具的运用	4. 家园共育的反馈

四、评价注意事项及评分规则

（一）评价注意事项

1. 评价对象：本量表适用于各级各类幼儿园，外部评价的班级观察采取随机抽取的方式，覆盖面不少于3—6岁幼儿各年龄班级总数的三分之一。

2. 评价内容：本量表评估内容聚焦幼儿园保育教育活动中的班级观察的必要条件和环节，包含"学习环境""一日生活常规""课程计划""课程实施及师幼互动"和"课程评价"五个方面，共36个关键指标（详见量表）。

3. 组织实施：

（1）组织形式：基于《幼儿园保育与教育评估指南》考核要点，按照本量表五个方面36个关键指标内容，由市、区级教育管理部门统筹组织实施，聘请行业专家评估或委托有资质的第三方社会机构开展评估。

（2）评价方式：评价以实地观察或核查方式进行，包括现场观察、询问与资料核查。每所幼儿园评估时间以1天为宜。

（3）评价等级：本量表总分180分，评价汇总结果分五个等级：评价总分在162分及以上为优秀；评价总分在144—161分为良好；评价总分在126—143分为一般；评价总分在108—125分为合格；评价总分在107分及以下为不合格。

4. 评价周期：幼儿园保育与教育质量评价依据所辖区域园所数量及实际需要，原则上每两年为一个周期，确保每个周期内覆盖辖区内所有幼儿园（特殊情况除外）。原则上幼儿园在有效期满3个月内提出评价申请，在幼儿园有效期满后一个学期内完成评价工作。若有效期内幼儿园出现以下情形，视具体影响情况给予降级处理，直至降为不合格：（1）出现歧视、体罚、变相体罚、侮辱、虐待幼儿等行为的；（2）出现严重幼儿伤害事故的；（3）出现重大安全事故的；（4）出现其他造成社会重大负面影响事件的。

（二）评分规则

第一步：根据情况观察或访谈。主要依据"学习环境""一日生活常规""课程计划""课程实施及师幼互动"和"课程评价"的条目观察，其他访谈作为辅助评价。在每一子项最后的空白处记录支持性证据。你所看到的、听到的和记录的，将为你在第三步确定质量等级提供证据。多数证据来源于你的直接观察，但必要时你需要访谈机构工作人员（如教师、幼儿园主管或教育专家）以获得佐证信息。使用问题引导获得需要的信息。帮助你选择指标水平的支持性证据可包含以下内容：

◇ 轶事：简短记录幼儿或现场教师实际做了什么或交流了什么。

◇ 引述：幼儿和/或现场教师人员实际说了什么。

◇ 材料清单。

◇ 关于活动室空间、区域和/或户外游戏场地的图表和标记。

◇ 一日生活活动的顺序或常规。

◇ 对问题的回答（注意问题的特定用词）。

第二步：阅读每一项指标。每项勾选一格。一旦收集了支持性证据，阅读条目下面的每一项指标。基于你在第一步收集的证据，在每项指标的3个方格（1、3、5）中选1个（且只能选1个）打"√"。尽量完成每项指标。如果需要，访谈幼儿园现场教师或主管以获得佐证信息。如果指标不适用（如半日学制的幼儿园没有午睡时间），现场没有观察到相关内容，那就将这一选项标记为0。

第三步：确定质量等级。在右上角圈出相应的水平，其中1是不适宜，2是及格，3是一般，4是良好，5是优秀。

根据下面的标准确定每个条目的质量等级：

◇ 水平1：一半或一半以上的项选择了水平1（即使有的项可能选了水平3或水平5）。

◇ 水平2：不到一半的项选择了水平1，其他项选择了水平3或水平5。

◇ 水平3：一半或一半以上的项选择了水平3，并且没有任何项选择了水平1。

◇ 水平4：不到一半的项选择了水平3，其余各项均选择了水平5。

◇ 水平5：所有项都选择了水平5，而且没有任何项选择了水平1或水平3。

如果某项（子条目）各选项都"不适用"，或不能被观察到，且不能通过访谈而决定，那么评分时只依据该条目已有经评分的项。只有当该条目下没有任何一项完成了评分时，才能在汇总单上填写"0"，即"观察和访谈都未发现"。

五、评价系统

（一）学习环境

（一）学习环境 1. 室内环境的安全性：为幼儿创造安全舒适的活动室环境。 ||	根据评分规则，在合适水平对本条目打"√"。 ☐1 ☐2 ☐3 ☐4 ☐5	
			如果观察和访谈都未发现，请在此打"√"。 ☐0
水平 1 指标	水平 3 指标	水平 5 指标	证据/解释/轶事
1.1 班额超出规定[①]，活动室面积少于规定[②]，空间拥挤，幼儿和教师不方便移动、游戏和工作。	3.1 班额符合要求，活动室面积符合要求，活动室空间允许幼儿和教师自由地活动、游戏和工作。	5.1 班额符合要求，活动室空间充足，允许幼儿和教师自由地活动、游戏和工作。	
1.2 存在安全或健康隐患。 如：插座高度不符且未遮盖。 　　洗手间不卫生等。	3.2 存在局部的安全和健康问题。 如：玩具或地板脏。 　　桌椅存在摇晃等。	5.2 活动室内没有任何健康和安全隐患。	

[①] 教育部颁布的《幼儿园工作规程》（2016 年版）第十一条规定幼儿园每班幼儿人数为：小班（3 周岁至 4 周岁）25 人，中班（4 周岁至 5 周岁）30 人，大班（5 周岁至 6 周岁）35 人，混合班 30 人。寄宿制幼儿园每班幼儿人数酌减。

[②] 中华人民共和国行业标准《托儿所、幼儿园建筑设计规范》（2019 年版）4.3.3 规定：幼儿园生活单元房间的最小使用面积不应小于活动室 70 m^2，寝室 60 m^2，卫生间 20 m^2，当活动室与寝室合用时，其房间最小使用面积不应小于 105 m^2。

续表

水平 1 指标	水平 3 指标	水平 5 指标	证据/解释/轶事
1.3 教室通风①、采光②或照明及温度调节③条件差。	3.3 教室通风、采光或照明及温度调节条件基本满足要求。	5.3 活动室通风和采光或照明充足，室内的温度舒适。	
1.4 活动室内存放的材料或设备（如坏的或废弃的设备）基本用不上。	3.4 活动室内存放的材料或设备有部分可用的材料或设备存放。	5.4 活动室内存放的材料或设备都可以，且材料方便幼儿取放。	
1.5 教室里没有急救备用箱。④	3.5 活动室有可用的急救备用箱。	5.5 活动室里有急救备用箱包，物品不过期且方便拿取。	

① 中华人民共和国行业标准《托儿所、幼儿园建筑设计规范》（2019 年版）5.3.2 规定：通风口面积不应小于房间地板面积的 $\frac{1}{20}$。

② 中华人民共和国行业标准《托儿所、幼儿园建筑设计规范》（2019 年版）5.1.1 规定：采光系数标准值 3% 和窗地面积比 1∶5。

③ 中华人民共和国行业标准《托儿所、幼儿园建筑设计规范》（2019 年版）6.2.14 规定：最热月平均室外气温大于和等于 25℃ 地区的幼儿园，宜设置空调设备，室内温度保持冬季 20℃、夏季 25℃。

④ 询问班级保教人员：班上有急救备用箱吗？放在哪里？

（一）学习环境 2. 室内活动区角的规划性：设置生活区、建构区或益智区、娃娃家、美术区、阅读区、自然观察区及私密空间等，满足幼儿一日活动基本需求。		根据评分规则，在合适水平对本条目打"√"。 □1　□2　□3　□4　□5	
		如果观察和访谈都未发现，请在此打"√"。　□0	
水平1指标	水平3指标	水平5指标	证据/解释/轶事
1.1 活动室或走廊空间设置活动区角少于2个（含2个）。	3.1 部分空间有设置活动区角，且设置有3个以上（含3个）区角。	5.1 活动室或走廊设置充足活动区角，且超过5个（建构区、娃娃家、美术区、阅读区、益智区等）。	
1.2 活动区角没有相应的标识或不明显。	3.2 部分活动区角有清晰规划（如：利用高和矮的区域柜、家具），部分标识清楚。	5.2 所有活动区角都被清晰划定并有明确的标识。	
1.3 活动区角未命名，或者区角使用抽象的名字（如操控区、科学区），不利于幼儿理解。	3.3 部分活动区角有名称，且幼儿容易理解。	5.3 所有活动区角均有名称（如益智区、娃娃家、阅读区）且幼儿容易理解。	
1.4 活动区角基本闲置，很少使用，或幼儿一日生活没有规划区角活动时间。	3.4 教师和幼儿使用活动区角频率低，或有时安排幼儿区角活动时间。	5.4 活动区角每天都有使用，预留的幼儿区角活动时间充足。	
1.5 活动室内没有设置幼儿私密空间，或有私密空间但成人监视监护困难。	3.5 活动室内设有幼儿私密空间且便于成人监视监护。	5.5 活动室内的幼儿私密空间温馨舒适感好且便于成人监视监护。	

（一）学习环境 3. 活动区角的合理性：位置经过精心设计，因地制宜，每个区角空间足够，区角之间动线清晰。 注意：若上一条目2被评定为"1"，则本条目必须评定为"1"。		根据评分规则，在合适水平对本条目打"√"。 □1 □2 □3 □4 □5 如果观察和访谈都未发现，请在此打"√"。 □0	
水平1指标	水平3指标	水平5指标	证据/解释/轶事
1.1 活动区角动线不合理，位置安排阻碍了通行和游戏。	3.1 部分活动区角的位置安排合理。	5.1 所有活动区角的位置安排合理，方便幼儿从一个区角自由走动到另一个区角。	
1.2 家具、区域柜或者隔断高度不合理，影响教师视线，可能导致安全隐患。	3.2 有部分家具、区域柜和隔断高度合适，幼儿和教师可以看到部分区角活动。	5.2 所有的家具、区域柜和隔断高度适宜，让幼儿和教师可以看到每一个区角。	
1.3 活动区角空间不足，能容纳幼儿的数量少于5人。	3.3 部分活动区角有足够的空间，至少供5名幼儿同时游戏。	5.3 每个活动区角均有足够的空间，能供5名以上幼儿同时游戏。	
1.4 相关活动的区角之间不相邻，存在动静互相干扰。 如：美工区离水池和盥洗室较远。	3.4 部分有相关活动的区角之间是相邻的。 如：积木区靠近娃娃家。	5.4 具有相关活动的区角之间是相邻的，且相对动、静的区角安排合理，以免干扰。 如：美术区靠近水池或盥洗室。 　　阅读区不与建构区相邻。	

（一）学习环境 4. 区角材料投放及其标识：活动室内的活动区角和材料经过系统安排和标识，并且方便幼儿取放。		根据评分规则，在合适水平对本条目打"√"。 □1 □2 □3 □4 □5	
			如果观察和访谈都未发现，请在此打"√"。　□0	
水平1指标	水平3指标	水平5指标	证据/解释/轶事
1.1 活动区角的材料放置凌乱。	3.1 在部分活动区角内放置同类材料，摆放不利于幼儿取放。	5.1 在所有活动区角的材料按照功能或类型分组放置，且摆放有序，高度适宜。	
1.2 活动区角和区角内材料没有标识。	3.2 部分活动区角和区角内材料有标识。	5.2 所有活动区角和区域内材料都有标识。	
1.3 活动区角和区域内材料标识不利于幼儿理解。	3.3 部分活动区角和区域内材料标识幼儿容易理解。	5.3 所有活动区角和区域内材料标识幼儿容易理解（如实物儿童画、实物照片、形象标识和简洁文字）。	
1.4 区角内摆放材料幼儿够不着，或材料通常是由教师取放。	3.4 区角内摆放材料，幼儿可以在没有教师的帮助下，拿取部分材料。	5.4 区角内摆放所有材料，幼儿可以在没有教师的帮助下，方便安全拿取。	

（一）学习环境 5. 区角材料的多样性：材料丰富充足，能反映本土文化。		根据评分规则，在合适水平对本条目打"√"。 ☐1 ☐2 ☐3 ☐4 ☐5 如果观察和访谈都未发现，请在此打"√"。　☐0	
水平1指标	水平3指标	水平5指标	证据/解释/轶事
1.1 活动室所设区角内的材料及数量有限。	3.1 活动区角内的材料基本满足分组活动的需要。	5.1 所有活动区角内的材料都很丰富。	
1.2 区角内同类材料都只有一套，没有多套。	3.2 区角内部分同类材料提供了多套，可满足多名幼儿在同一时间玩。	5.2 区角内很多材料都有多套，可满足多名幼儿同一时间玩。	
1.3 阅读区内适合幼儿阅读的图书少于10本。	3.3 阅读区内适合幼儿阅读的图书达到班级幼儿人均1本。	5.3 阅读区内适合幼儿阅读的图书超过班级幼儿人均1本。	
1.4 活动室环境或区角内材料没有体现传统文化或本土文化特点。	3.4 活动室环境或区角内材料有部分体现多元文化或本土文化的特点。	5.4 活动室环境或区角内材料融合了多元文化，本土文化特色突出。 如：装扮区传统民族服装和重要节日服装。 有反映本土文化，如客家文化、岭南文化、潮汕文化等特色的材料。	

（一）学习环境			根据评分规则，在合适水平对本条目打"√"。 ☐1 ☐2 ☐3 ☐4 ☐5
6. 区角材料的开放性：材料具有开放性、操作性强，能触发幼儿多种感官（触觉、视觉、听觉、嗅觉和味觉）体验学习。			如果观察和访谈都未发现，请在此打"√"。 ☐0
水平1指标	水平3指标	水平5指标	证据/解释/轶事
1.1 区角内的大部分材料（如贴贴纸、作业单、涂色卡及商业玩具）有局限性，只能得到既定的结果。	3.1 区角内的部分材料具有开放性（如箱子、纸、珠子和颜料）。	5.1 区角内的材料大部分为开放性的（如积木、枯枝、玩偶、围巾、玩具车、图书和贝壳），适合一物多玩。	
1.2 区角内的大部分材料不具备操作性。	3.2 区角内有部分材料适合应用操作学习。	5.2 区角内所有材料都具备多种操作性，适合幼儿探究学习。	
1.3 区角内大部分材料不能吸引幼儿参与的兴趣。	3.3 区角内有部分材料（如填充动物玩偶、娃娃家、手偶等）能调动幼儿多种感官（视觉、听觉、味觉、触觉和嗅觉）参与投入。	5.3 区角内材料都能调动幼儿多种感官（视觉、听觉、味觉、触觉和嗅觉）参与投入，且包括自然材料和人文材料。	

（一）学习环境	根据评分规则，在合适水平对本条目打"√"。
7. 户外环境的安全性：户外活动空间的设备设施及场地具有安全保障，以支持幼儿户外安全游戏。	☐1 ☐2 ☐3 ☐4 ☐5
注意：评价当天出现极端天气或出于安全的考虑，可以利用开放的室内空间（如音乐功能室等）作为替代场所。	如果观察和访谈都未发现，请在此打"√"。 ☐0

水平1指标	水平3指标	水平5指标	证据/解释/轶事
1.1 户外游戏区域空间有限，每名幼儿可使用的面积低于 4 m²。	3.1 户外游戏区域空间有保障，每名幼儿可使用面积介于 4—8 m² 之间。	5.1 户外游戏区空间充足，每名幼儿可使用面积至少有 8 m²。	
1.2 不能为极端天气状况提供 1 个场所超过 60 m² 的开放活动空间，保障幼儿活动的替代场所。	3.2 能为极端天气状况提供 2 个场所，且每个超过 60 m² 的开放活动空间，保障幼儿活动替代场所。	5.2 能为极端天气状况提供 3 个（或以上）场所，且每个超过 60 m² 的开放活动空间，保障幼儿活动替代场所。	
1.3 户外游戏活动区域的设备或场地存在安全和健康隐患。 如：设备老化或损坏。 　　设备清洁情况差。 　　沙池有动物粪便。	3.3 户外游戏活动区域的设备或场地存在部分安全和健康隐患。 如：木头有裂纹。 　　秋千已生锈。	5.3 户外游戏活动区域的设备或场地不存在任何客观的安全和健康隐患。	
1.4 户外游戏区只有极少的游戏材料或活动器材。	3.4 户外游戏区的器材能开展部分大型的室外游戏，如沙池、大型器械或涂鸦区等。	5.4 户外游戏区域包括固定的和可移动的，能满足幼儿多种类型的游戏。 如：大型建构积木、球类、自制器械、攀爬架、秋千、软垫等。	

（一）学习环境 8. 幼儿的作品成果展示：幼儿手工创作和操作成果的作品展示。 注意：这不是指家园联系栏等粘贴给教师和家长看的信息。		根据评分规则，在合适水平对本条目打"√"。 □1　□2　□3　□4　□5	
		如果观察和访谈都未发现，请在此打"√"。　□0	
水平1指标	水平3指标	水平5指标	证据/解释/轶事
1.1 活动室内墙面的环境创设没有幼儿作品痕迹。	3.1 活动室内墙面的环境创设保留幼儿作品痕迹，高度符合幼儿视线。	5.1 活动室内墙面的环境创设规划合理，主题鲜明，幼儿作品痕迹丰富，充满童趣。	
1.2 活动室空间没有幼儿的作品展示。	3.2 活动室空间有部分幼儿的作品展示，但作品类型单一。	5.2 活动室空间有每一个幼儿的作品展示，且作品类型丰富。 如：幼儿的手工作品、亲子作品或照片等。	
1.3 幼儿作品的痕迹基本体现教师的想法，或者是对教师作品的模仿。	3.3 部分展示作品源自幼儿兴趣和想法。	5.3 所有展示物基本以幼儿为主体，体现幼儿兴趣和想法，充满童趣。	
1.4 活动室内环境创设展示的物品，大部分都是教师制作的或商业化产品。	3.4 活动室内环境创设展示的物品，部分是教师制作的，部分有幼儿创作痕迹，能体现幼儿的兴趣和经验。	5.4 活动室内环境创设展示的物品，总体反映或描述幼儿的兴趣和经验，能感知到幼儿的想象力与童趣。	

请在这里画一幅活动室空间安排的草图（或活动室内全景照片）

（二）一日生活常规

（二）一日生活常规 1. 相对固定的一日生活流程：幼儿清楚此流程。	根据评分规则，在合适水平对本条目打"√"。 □1 □2 □3 □4 □5 如果观察和访谈都未发现，请在此打"√"。 □0

水平1指标	水平3指标	水平5指标	证据/解释/轶事
1.1 没有在显著位置粘贴本班级的一日生活常规。	3.1 教师和父母可以看到粘贴本班级的一日生活常规，但是幼儿看不到或不知道其粘贴位置。	5.1 教师和父母可以看到粘贴本班级的一日生活常规，同时幼儿也可以看到，并且幼儿容易理解。 如：利用直观形象图画或幼儿易懂的符号（或文字）呈现一日流程各环节。	
1.2 幼儿的一日生活安排没有相对固定的常规或者活动顺序。	3.2 幼儿一日生活安排有相对固定的常规要求，但教师随意变化，有时遵循一日活动顺序。	5.2 教师引导幼儿遵循一日生活常规或活动顺序。若遇到特殊活动，教师会提前告诉幼儿调整情况。 如：开放日、外出活动日、亲子运动会等。	
1.3 教师或幼儿不清楚一日生活各环节的名称。	3.3 教师或幼儿能说出部分一日生活各环节的名称。	5.3 教师或幼儿熟悉一日生活各环节的名称。	
1.4 幼儿不了解一日活动的顺序或本质，且基本依赖教师提醒幼儿下一步的活动环节或下一步怎么做。	3.4 幼儿基本了解一日活动的顺序或本质，部分幼儿需要教师提醒下一步的活动环节或下一步怎么做。	5.4 幼儿非常熟悉一日生活常规或活动顺序，幼儿都知道下一步的活动环节或下一步怎么做。	

(二)一日生活常规 2. 一日生活流程各环节安排合理：幼儿在园一日生活环节主要包括入园、晨检、早操、盥洗、如厕、喝水、进餐、室内区域活动、户外活动、午休、过渡环节和离园等。		根据评分规则，在合适水平对本条目打"√"。 ☐1 ☐2 ☐3 ☐4 ☐5	
		如果观察和访谈都未发现，请在此打"√"。　☐0	
水平1指标	水平3指标	水平5指标	证据/解释/轶事
1.1 幼儿一日生活常规无序，教师安排存在随意性。	3.1 教师部分按照粘贴的一日生活常规开展活动。	5.1 教师和幼儿的一日活动按照粘贴内容所列出的所有活动有序进行。	
1.2 一日生活常规的时间分配不合理，要么时间过少，要么时间过多。	3.2 一日生活常规的时间分配总体基本合理，局部需要优化调整。	5.2 一日生活常规各个环节的时间分配合理，注意动静分明，时间长短适宜。	
1.3 由于一日生活常规存在无序安排，幼儿匆忙追赶教师的任务环节，表现出没有兴趣或者没有耐心。	3.3 在一日生活各个环节中，幼儿对部分环节内容能够积极地参与，或者表现出专注。	5.3 在一日生活各个环节中，幼儿都能够非常积极地参与，并且表现出耐心与专注。	

（二）一日生活常规	根据评分规则，在合适水平对本条目打"√"。
3. 幼儿自主活动时间：幼儿每天都有自主活动时间，含计划时间、操作时间、区角活动时间、自由活动时间及实施自己的想法和分享时间等。	☐1 ☐2 ☐3 ☐4 ☐5
注意：如果没有预留自主活动时间且实际没有观察到，记为水平0。	如果观察和访谈都未发现，请在此打"√"。 ☐0

水平1指标	水平3指标	水平5指标	证据/解释/轶事
1.1 一日生活中有计划幼儿自主活动时间，而实际没有安排幼儿自主活动。	3.1 一日生活中幼儿只允许在有限时间期间内自主活动。	5.1 一日生活中幼儿总是可以发起自主活动并实施他们的想法。	
1.2 在自主活动时间内，幼儿的操作任务基本是教师预设的活动。	3.2 在自主活动时间内，幼儿的部分操作任务是教师预设的活动。	5.2 在自主活动时间内，幼儿均可以实施自己的想法和游戏活动。如：自主选择区角或材料，或更换区角等。	
1.3 在自主活动时间内，教师指导幼儿操作材料，幼儿活动步骤统一，且教师缺少记录。	3.3 在自主活动时间内，教师不随意干扰幼儿的选择、操作及活动，但没有做必要记录。	5.3 在自主活动时间内，教师根据幼儿需要支持幼儿自主活动，能做好必要的观察记录。	

(二)一日生活常规 4. 幼儿户外活动时间：幼儿每天都有户外活动时间，可以参与多种户外体能活动。 注意：若评价当天非极端天气，未安排特殊活动，没有预留户外活动时间且未能实际观察到，记为水平0；若出现极端天气或出于安全考虑停止使用户外游戏场地时，必须有一个宽敞且开放的室内空间作为替代性活动场所，否则记为水平0；若当天由于有其他特殊集体活动安排，如儿童剧演出等，则标注"没有观察到户外活动"。		根据评分规则，在合适水平对本条目打"√"。 ☐1 ☐2 ☐3 ☐4 ☐5 如果观察和访谈都未发现，请在此打"√"。 ☐0
水平1指标	水平3指标	水平5指标	证据/解释/轶事
1.1 一日生活的户外活动时间少于1小时。①	3.1 一日生活的户外活动时间在1小时到2小时之间。	5.1 一日生活的户外活动时间不少于2小时。	
1.2 户外活动期间，幼儿基本按照教师的规定玩，缺乏自主性。	3.2 户外活动期间，幼儿有时被允许自主游戏。	5.2 户外活动期间，幼儿基本能按照自己的意愿自主游戏，存在安全风险的活动有教师提醒或陪伴。	
1.3 教师监督幼儿，教师成为幼儿户外游戏的"裁判员"。	3.3 教师观察幼儿，教师成为幼儿户外游戏的"引导员"。	5.3 教师观察并倾听幼儿心声，教师成为幼儿户外游戏的"合作者"。	
1.4 户外活动时间内，体能活动游戏运动少于30分钟。②	3.4 户外活动时间内，体能活动游戏运动有30—60分钟。	5.4 户外活动时间内，有效体能游戏运动不少于60分钟。	

---

① 《3—6岁儿童学习与发展指南》健康领域中指出，要"保证幼儿的户外活动时间，提高幼儿适应季节变化的能力"，"幼儿每天的户外活动时间一般不少于2小时，其中体育活动时间不少于1小时，季节交替时要坚持"。

② 同上。

（二）一日生活常规 5. 幼儿小组活动时间：每天都有安排能体现幼儿"最近发展区"的小组活动。 注意：如果没有计划小组活动时间且没有实际观察到，记为水平 0。			根据评分规则，在合适水平对本条目打"√"。 □1　□2　□3　□4　□5 如果观察和访谈都未发现，请在此打"√"。　□0	
水平 1 指标	水平 3 指标	水平 5 指标	证据/解释/轶事	
1.1 没有小组活动时间计划，但有实际观察到。	3.1 有小组活动时间计划，且被观察到。	5.1 小组活动时间是一日常规一部分，且实际每天都落实小组活动。①	
1.2 教师指导幼儿开展小组活动，幼儿的想法或者兴趣受到限制，幼儿处于听从指示、回答问题或者临摹同样的物品的活动状态。	3.2 在小组活动中，幼儿的想法或者感兴趣的活动有时被允许。	5.2 在小组活动中，教师尊重幼儿的想法或者兴趣，活动中教师能倾听幼儿的声音，回应小组遇到的问题。	
1.3 幼儿小组活动过程，教师没有做任何观察记录。	3.3 幼儿小组活动过程，教师有时做必要的观察记录。	5.3 幼儿小组活动过程，教师经常性做必要的观察记录，记录本可见常态观察信息记载。	
1.4 小组活动的内容每次都不一样。	3.4 一项小组活动主题能维持 3—4 周不变，且每天时间安排相对稳定，小组活动成果可见。	5.4 一项小组活动主题维持 1—2 个月，且每天时间安排相对稳定，小组活动成果丰富有特点。	

① 需要询问业务主管或主班教师，查阅佐证材料。

(二)一日生活常规 6. 幼儿集体活动时间：每天都有时间开展符合幼儿年龄特点的且与"五大领域"相关的具体活动。 注意：如果没有集体活动时间计划且没有实际观察到，记为水平0。		根据评分规则，在合适水平对本条目打"√"。 □1 □2 □3 □4 □5	
			如果观察和访谈都未发现，请在此打"√"。　　□0	
水平1指标	水平3指标	水平5指标	证据/解释/轶事
1.1 没有集体活动时间计划，但实际观察到了。	3.1 有集体活动时间计划，可观察到。	5.1 有集体活动时间计划，且每天均落实集体游戏活动。	
1.2 集体活动时，以教师主导的单一教学为主，不要求幼儿提出自己的看法。	3.2 集体活动时，教师主导活动，基本能尊重幼儿的想法。	5.2 集体活动时，教师有预设目标与计划，尊重幼儿的主体地位，倾听幼儿的声音，接纳不一样的表达方式。	
1.3 集体活动时，班级3位保教人员中，只有1－2人组织参与集体活动。	3.3 集体活动时，班级3位保教人员中，有时都会组织参与集体活动。	5.3 集体活动时，班级3位保教人员都组织参与集体活动，且分工明确，协同效果良好。	

(二)一日生活常规 7. 幼儿分享成果时间：每天都有安排幼儿回顾与分享环节时间，允许每一个幼儿向教师或同伴分享他们的成果。 注意：没有计划幼儿的分享时间且没有实际观察到，记为水平0。		根据评分规则，在合适水平对本条目打"√"。 ☐1 ☐2 ☐3 ☐4 ☐5 如果观察和访谈都未发现，请在此打"√"。 ☐0	
水平1指标	水平3指标	水平5指标	证据/解释/轶事
1.1 没有计划给幼儿分享时间，但实际观察到了。	3.1 有计划给幼儿分享时间，且实际做到了。	5.1 有计划给幼儿分享时间，且每天都有落实这个分享环节。①	
1.2 幼儿从不向教师或同伴分享自己的成果。	3.2 教师以简单策略让幼儿回忆，教师提问单一且重复性多。	5.2 教师能根据不同幼儿特点应用不同策略鼓励幼儿回忆和分享当日活动感受或经验。	
1.3 当幼儿以自己的某种方式分享经验时，教师只是机械回应或没有给予鼓励、肯定。	3.3 当幼儿以自己的某种方式分享经验时，教师有时及时回应或给予鼓励。	5.3 当幼儿以自己的某种方式分享经验时，教师及时回应或肯定每一位幼儿，鼓励语言恰当且多样化。	

---

① 需要询问业务主管或主班教师，查阅幼儿分享记录佐证材料。

(二)一日生活常规 8. 合理过渡环节时间：从一个活动转换到下一个活动时，幼儿可以做适当的选择。		根据评分规则，在合适水平对本条目打"√"。 ☐1 ☐2 ☐3 ☐4 ☐5	
^^		如果观察和访谈都未发现，请在此打"√"。 ☐0	
水平1指标	水平3指标	水平5指标	证据/解释/轶事
1.1 教师催促幼儿下一步怎么做，幼儿不知道过渡环节即将来临。	3.1 教师知道幼儿的动作与节奏，有时幼儿知道下一个活动是做什么。	5.1 教师根据幼儿年龄特点，给予合适过渡时间，幼儿都知道下一个活动是做什么及场地位置。 如："区角活动结束后我们去户外滑滑梯，还有5分钟我们就出去了。"	
1.2 在过渡环节，幼儿没有选择的机会，限于按照教师指令做。	3.2 在过渡环节，允许幼儿有适当的选择机会。 如：在集体活动时幼儿可选择坐在喜欢的同伴旁边。	5.2 在过渡环节，幼儿可以做适当选择。 如：准备材料时选择自己喜欢的颜色。 餐后选择感兴趣的区角活动。	
1.3 一日常规各个环节不允许重叠：教师要求幼儿停止某一正在做的活动，直接进入下一个活动，或被要求等待动作较慢的幼儿。	3.3 一日常规各个环节有重叠：同一活动场地内，幼儿有时候可以选择终止上一项活动，或者直接进行下一项活动，而没有消极地等待同伴。	5.3 一日常规各个环节有重叠：在同一活动场地内，幼儿可以选择终止上一项活动或者直接进行下一项活动，让动作快慢不同的幼儿都能投入活动中。	

(二)一日生活常规		根据评分规则，在合适水平对本条目打"√"。 ☐1 ☐2 ☐3 ☐4 ☐5	
9. 幼儿盥洗餐点时间：每天都有相对固定的盥洗和餐点时间，教师对幼儿适当的支持，允许幼儿在合理范围内做出自己的选择。		如果观察和访谈都未发现，请在此打"√"。 ☐0	
水平1指标	水平3指标	水平5指标	证据/解释/轶事
1.1 没有预留盥洗整理时间。	3.1 有时预留盥洗整理时间。	5.1 一天内都会预留盥洗整理时间。	
1.2 早餐与午餐时间间隔不合理。①	3.2 早餐与午餐时间间隔有时合理。	5.2 早餐与午餐时间间隔符合要求。	
1.3 盥洗和餐点环节中，如果幼儿的盥洗整理不当，教师没有提供指导或支持。	3.3 盥洗和餐点环节中，教师对自理能力较弱的幼儿提供指导或支持，或允许幼儿参与。	5.3 盥洗和餐点环节中，教师接纳不同幼儿的自理技能，同时提供不同策略支持他们的学习。	
1.4 幼儿在餐点过程没有选择。按照教师指令怎样吃或者可以吃什么。 如：没有喝完汤就不可以吃菜。	3.4 教师允许幼儿在餐点过程有适当的选择。 如：需要与熟悉的同伴同桌坐。	5.4 教师根据幼儿自理能力规划用餐环节，在餐点过程内允许幼儿做出自己选择。 如：先吃什么、是否吃、吃多少、和谁同桌坐。	
1.5 在幼儿餐点过程，教师没有与幼儿积极互动。	3.5 在幼儿餐点过程，教师有时与幼儿积极互动。	5.5 在幼儿餐点过程，教师观察幼儿，并适当做出个别指导或集体指导的积极互动。	

---

① 教育部颁布的《幼儿园工作规程》（2016年版）第十八条规定：幼儿园应当制定合理的幼儿一日生活作息制度，正餐间隔时间为3.5—4小时。如果是半日制幼儿园，幼儿不在幼儿园午餐，则条目不计分。

（二）一日生活常规 10. 幼儿充分午睡时间①：餐后的午睡前有适当活动，午睡时间安排合理，教师严格执行午睡值班制度，午睡室光线及通风效果适宜。 ||	根据评分规则，在合适水平对本条目打"√"。 □1 □2 □3 □4 □5 如果观察和访谈都未发现，请在此打"√"。 □0	
水平1指标	水平3指标	水平5指标	证据/解释/轶事
1.1 午餐后没有适当活动，直接准备午睡。	3.1 餐后安排活动有序（如散步或画画等），才准备午睡。	5.1 午餐后安排活动有序，且餐后25－30分钟才准备午睡。	
1.2 幼儿午睡的时间少于60分钟。	3.2 幼儿午睡的时间在60－90分钟。	5.2 幼儿午睡的时间在90－120分钟。	
1.3 幼儿午睡过程，没有教师值班制度要求。	3.3 幼儿午睡过程，教师有时遵守午睡值班制度要求。	5.3 幼儿午睡过程，教师每天严格遵守午睡值班制度要求，并做记录。	
1.4 教师和幼儿一起午睡。	3.4 有时教师和幼儿一起午睡。	5.4 不允许教师和幼儿一起午睡。	
1.5 午睡室光线太暗或太亮，且通风效果不好。	3.5 午睡室光线适宜，通风效果一般。	5.5 午睡室光线适宜，通风效果良好。	

① 如果是半日制幼儿园，幼儿不在园内午睡，本条目不计分。

活动室张贴的一日生活常规	实际观察的一日生活常规

（三）课程计划

（三）课程计划 1. 课程教学计划：有规划周程教学计划，日程安排合理，动、静转换有序，室内、室外结合，小组与集体活动结合等。计划适合本班幼儿身心发展特点。		根据评分规则，在合适水平对本条目打"√"。 □1　□2　□3　□4　□5 如果观察和访谈都未发现，请在此打"√"。　□0	
水平1指标	水平3指标	水平5指标	证据/解释/轶事
1.1 保教人员对班级没有规划周程教学计划。	3.1 保教人员对班级有规划周程教学计划，并粘贴在显著位置。	5.1 幼儿园业务主管有审阅班级规划的周程教学计划，并粘贴在显著位置。①	
1.2 一周内教学计划中，日程安排混乱。	3.2 一周内教学计划中，日程安排基本合理。	5.2 一周内教学计划中，日程安排体现动、静转换有序，室内、室外结合，小组与集体活动结合等。	
1.3 一周内教学计划没有体现季节、地域特点。	3.3 一周内教学计划有体现季节、地域特点。	5.3 一周内教学计划对季节、地域、天气变化等都有充分考虑。	
1.4 一周内教学计划不适合本班幼儿年龄身心发展特点。	3.4 一周内教学计划基本适合本班幼儿年龄身心发展特点。	5.4 一周内教学计划充分考虑本班幼儿年龄身心发展现状，体现"班本课程"教学计划。	

---

① 需要询问幼儿园业务主管，或粘贴的周程教学计划有业务主管审批的痕迹。

(三）课程计划 2. 课程教学内容：课程内容融合"五大领域"及本园特色课程，内容重视幼儿良好品德和行为习惯养成，充分考虑幼儿的"最近发展区"，并体现"一日生活皆课程"理念。		根据评分规则，在合适水平对本条目打"√"。 □1 □2 □3 □4 □5	
		如果观察和访谈都未发现，请在此打"√"。 □0	
水平1指标	水平3指标	水平5指标	证据/解释/轶事
1.1 一周教学内容没有包含"五大领域"的内容。	3.1 一周内教学内容包含"五大领域"的内容。	5.1 一周内教学内容融合"五大领域"及本园特色课程的内容。	
1.2 教学内容不符合《纲要》《学习指南》《评估指南》的精神。	3.2 教学内容基本符合《纲要》《学习指南》《评估指南》的精神。	5.2 教学内容融合了《纲要》《学习指南》《评估指南》的精神，能满足幼儿探究兴趣。	
1.3 一周教学内容主要是教师规定的内容，不是幼儿感兴趣的内容。	3.3 一周教学内容基本是幼儿感兴趣的内容。	5.3 一周教学内容充分考虑幼儿的"最近发展区"，能较好保护幼儿好奇心。	
1.4 一周内教学内容，只突出某一领域或局部内容，没有体现"一日生活皆课程"理念。	3.4 一周内教学内容基本体现"一日生活皆课程"理念。	5.4 一周内教学内容丰富，适合本班年龄特点，充分体现"一日生活皆课程"理念。	
1.5 一周内教学内容没有注重幼儿良好品德和行为习惯养成。	3.5 一周内教学内容关注幼儿良好品德和行为习惯养成。	5.5 一周内教学内容重视幼儿良好品德和行为习惯养成，且与本班幼儿身心发展相匹配。	

（三）课程计划		根据评分规则，在合适水平对本条目打"√"。
3. 课程教学过程：保教人员遵循《幼儿教师专业标准》精神，熟悉预设课程计划，并能依据幼儿实际表现，重视幼儿良好品德和行为习惯养成，且与本班幼儿身心发展相匹配。		□1　□2　□3　□4　□5
		如果观察和访谈都未发现，请在此打"√"。　□0

水平 1 指标	水平 3 指标	水平 5 指标	证据/解释/轶事
1.1 保教人员机械遵循一日生活安排时间实施教学，幼儿部分环节出现匆忙追赶现象。	3.1 保教人员依据一日生活安排，能相对弹性处理，避免幼儿出现匆忙追赶现象。	5.1 保教人员熟悉预设课程计划，并能依据幼儿实际表现与需要，围绕课程目标，关注生成课程，及时微调一日生活安排。	
1.2 保教人员没有应用某一种可被识别的教育模式或方法。	3.2 保教人员有时应用某一种或多种可被识别的教育模式或方法。	5.2 保教人员应用某一种综合教育模式或方法，具有班级或个人教学特色。	
1.3 教学过程保教人员没有遵循《幼儿园教师专业标准（试行）》要求。	3.3 教学过程保教人员遵循《幼儿园教师专业标准（试行）》要求。	5.3 教学过程保教人员都能遵循《幼儿园教师专业标准（试行）》要求，富有亲和力。	
1.4 室内教学过程没有应用多媒体辅助教学或过度依赖多媒体设备。	3.4 室内教学过程有时应用多媒体辅助教学。	5.4 室内教学过程，准备与教学主题相关的直观形象的电子资源，巧妙应用多媒体辅助教学。	
1.5 教学过程没有关注幼儿良好品德和行为习惯养成。	3.5 教学过程注重幼儿良好品德和行为习惯养成。	5.5 教学过程重视幼儿良好品德和行为习惯养成，且与本班幼儿身心发展相匹配。	

（三）课程计划 4. 教师协同效果：班级教学团队的每个成员平等地参与制订本班教育活动计划，每周两次以上一起讨论并制订相关班级教育事项；保教人员分工合理并依据工作需要及时调整互相支持。		根据评分规则，在合适水平对本条目打"√"。 □1　□2　□3　□4　□5	
			如果观察和访谈都未发现，请在此打"√"。　□0	
水平1指标	水平3指标	水平5指标	证据/解释/轶事
1.1 班级保教组成员没有固定的小会商议时间。①	3.1 班级保教组成员每周有一次协作商议计划时间。	5.1 班级保教组成员每周两次以上一起讨论并制订相关班级教育事项。	
1.2 主班教师计划所有的活动。	3.2 主班教师有时和教学团队的其他成员共同计划活动。	5.2 教学团队的每个成员平等地参与本班教育活动计划。	
1.3 配班教师和其他辅助人员固定负责非教学工作（如擦桌子、准备材料），主班教师不参与。	3.3 配班教师和其他辅助人员都指导或参与幼儿的活动。	5.3 教学团队的每个成员都指导和参与幼儿的活动，分工合理并依据工作需要及时调整互相支持，为幼儿创设有益的学习环境。	

---

① 询问保教人员：本班教师组有固定的时间制订计划吗？（如果有）在什么时间？多久一次？

（四）课程实施及师幼互动

（四）课程实施及师幼互动 1. 营造温暖友爱的氛围：保教人员善于自我调节情绪，保持平和心态。积极关注每一个幼儿，信任幼儿，尊重个体差异，主动了解和满足幼儿的不同需求。			根据评分规则，在合适水平对本条目打"√"。 □1　□2　□3　□4　□5 如果观察和访谈都未发现，请在此打"√"。　□0	
水平 1 指标	水平 3 指标	水平 5 指标	证据/解释/轶事	
1.1 没有配足班级保教人员。①	3.1 按要求配足保教人员，保教人员均持证上岗。	5.1 按要求配足保教人员，保教人员均持证上岗。班级保教组成员至少有一位教师持幼教三级及以上的职称。	
1.2 保教人员带有负面/消极情绪工作。保教人员与幼儿互动时，没有表现出积极的关注。②	3.2 保教人员有时带有负面/消极情绪工作，耐心和亲和力欠佳。保教人员与幼儿互动时，有时对部分幼儿表现出积极的关注。	5.2 保教人员善于自我调节情绪，保教人员与幼儿互动时，保持平和心态。热情开朗，有亲和力。	
1.3 保教人员之间当着幼儿的面交流对幼儿的意见，无视幼儿的存在。	3.3 保教人员有时直接向幼儿 A 提出意见，不会当着幼儿 A 的面与其他成人或幼儿谈论幼儿 A。	5.3 保教人员能倾听幼儿的声音，或直接向幼儿 A 提出意见，不会当着幼儿 A 的面与其他成人或幼儿谈论幼儿 A。	
1.4 保教人员对幼儿有大呼小叫、羞辱行为，或对幼儿有过激的语言和行为。	3.4 保教人员以平静且尊重的语气与幼儿交流，不体罚或变相体罚幼儿。	5.4 保教人员用平静且尊重的语气与幼儿交流。尊重幼儿人格，一视同仁。不讽刺、挖苦、歧视幼儿。	
1.5 保教人员对心情不好的幼儿漠不关心。幼儿心情不好时不会去找教师。	3.5 保教人员有时关爱心情不好的幼儿。幼儿心情不好有时能去找教师。	5.5 保教人员关注心情不好的幼儿，信任幼儿，尊重个体差异，主动了解和满足有益于幼儿的不同需求。幼儿心情不好时能主动寻求帮助、安慰和指导。	

① 教育部印发的《幼儿园教职工配备标准（暂行）》（教师〔2013〕1号）文件规定：幼儿园应当按照服务类型、教职工与幼儿以及保教人员与幼儿的一定比例配备教职工，全日制幼儿园每班配备 2 名专任教师和 1 名保育员，或配备 3 名专任教师。

② 积极关注包括微笑，拥抱，点头，用眼神交流，蹲下，仔细倾听，亲切交谈等。

（四）课程实施及师幼互动 2. 关注幼儿入园情绪：注视幼儿，保持敏感，并尊重幼儿的节奏。		根据评分规则，在合适水平对本条目打"√"。 ☐1　☐2　☐3　☐4　☐5	
^^ ^^	如果观察和访谈都未发现，请在此打"√"。　☐0		
水平1指标	水平3指标	水平5指标	证据/解释/轶事
1.1 幼儿匆匆忙忙地与送幼儿的成人（直系亲属或保姆）再见。	3.1 教师有时给幼儿时间和机会与送幼儿的成人（直系亲属或保姆）再见。	5.1 教师鼓励幼儿与送幼儿的成人（直系亲属或保姆）挥手说"再见"。	
1.2 幼儿入园情绪不稳定时，不允许送幼儿的成人（直系亲属或保姆）停留。	3.2 幼儿入园情绪不稳定时，有时允许送幼儿的成人（直系亲属或保姆）停留。	5.2 幼儿入园情绪不稳定时，鼓励送幼儿的成人（直系亲属或保姆）停留陪伴，直到幼儿情绪平稳才分开。	
1.3 一日活动开始时，幼儿心理准备不足时就被教师催促开展活动。	3.3 一日活动开始之前，留给幼儿一些时间以缓解分离焦虑。	5.3 一日活动开始之前，给予幼儿一定时间缓解分离焦虑。允许个别幼儿按照自己的节奏融入集体游戏。	

（四）课程实施及师幼互动 3. 满足幼儿基本生理需求：幼儿衣服湿了或者脏了时，保教人员给予及时更换；幼儿自己根据需要可以随时使用厕所；幼儿不舒服时能得到保教人员温暖的安抚。		根据评分规则，在合适水平对本条目打"√"。 □1 □2 □3 □4 □5 如果观察和访谈都未发现，请在此打"√"。 □0	
水平 1 指标	水平 3 指标	水平 5 指标	证据/解释/轶事
1.1 幼儿衣服湿了或者脏了时，保教人员没有给予更换。①	3.1 幼儿衣服湿了或者脏了时，保教人员给予及时更换。	5.1 幼儿衣服湿了或者脏了时，保教人员给予及时更换，并能安抚或指导幼儿纠正卫生习惯。	
1.2 幼儿必须等到规定时间才能上厕所。	3.2 有时幼儿可以在需要的时候上厕所。	5.2 幼儿自己根据需要可以随时上厕所。	
1.3 幼儿受伤或生病时没有得到关注。	3.3 幼儿受伤或生病时得到关注。	5.3 幼儿受伤或生病时得到及时关注，并能得到保教人员温暖的安抚。	问题：幼儿生病或受伤时会有什么措施？
1.4 幼儿的特殊饮食需求不被满足。②③	3.4 幼儿的特殊饮食需求有时会被满足。	5.4 在活动室内显著位置张贴特殊饮食需求信息并予以满足。	
1.5 强制幼儿睡觉而不提供其他选择。④	3.5 在睡眠时间，允许没有午睡习惯的幼儿选择安静的活动。	5.5 在睡眠时间，允许没有午睡习惯的幼儿选择自己感兴趣的安静活动。	问题：对于休息时间不睡觉的幼儿，你会怎么做？

① 衣服湿主要指幼儿拉或尿在裤子里，或幼儿的衣服被水弄湿，或户外运动汗水湿透衣服。
② 如果是半日制幼儿园，没有用餐安排，本条目不计分。
③ 特殊饮食需求情况主要是指为生病、食物过敏、有文化或宗教禁忌的幼儿提供替代食物。
④ 如果是半日制幼儿园，没有在园午睡安排，本条目不计分。

（四）课程实施及师幼互动 4. 支持与鼓励幼儿自主选择：保教人员在幼儿一日生活各环节活动中鼓励幼儿学习的主动性。		根据评分规则，在合适水平对本条目打"√"。 □1　□2　□3　□4　□5	
^	^	如果观察和访谈都未发现，请在此打"√"。　　□0	
水平 1 指标	水平 3 指标	水平 5 指标	证据/解释/轶事
1.1 保教人员不鼓励幼儿的主动性，在没有安全隐患的活动过程中对幼儿的禁止性要求过多。	3.1 保教人员有时使用恰当方法鼓励幼儿的主动性。	5.1 在一日生活各环节中，保教人员通过多种方法坚持鼓励幼儿的想法。使用幼儿容易理解的语言，鼓励与肯定幼儿的努力过程。	
1.2 保教人员把自己的观点强加给幼儿，并决定幼儿应该学什么和做什么。	3.2 保教人员有时鼓励和支持幼儿参与感兴趣的活动。	5.2 保教人员坚持鼓励幼儿参与感兴趣的活动，幼儿操作需要材料时，教师能及时提供或给予建议。	
1.3 保教人员忽视幼儿年龄特点，不支持幼儿自主选择。	3.3 保教人员有时考虑幼儿年龄特点，支持幼儿自主选择。	5.3 保教人员能依据幼儿年龄特点对幼儿的自主选择给予适当支持。	

(四)课程实施及师幼互动 5. 倾听幼儿的表达：注视与倾听幼儿，耐心等待幼儿说话，发现幼儿的想法，向幼儿提出问题，注意提问方式或语气，问题内容基本是开放性的。		根据评分规则，在合适水平对本条目打"√"。 □1　□2　□3　□4　□5	
			如果观察和访谈都未发现，请在此打"√"。　□0
水平1指标	水平3指标	水平5指标	证据/解释/轶事
1.1 一日生活过程，保教人员控制或者干扰幼儿的谈话。①	3.1 一日生活过程，保教人员有时与幼儿分享谈话主导权。	5.1 一日生活过程，保教人员能耐心地等待幼儿提出想法，允许幼儿主动发起谈话等。	
1.2 保教人员没有观察和倾听幼儿，幼儿被要求保持安静，要求遵循教师指令。	3.2 保教人员有时注视和倾听幼儿，允许幼儿说出自己的想法。	5.2 保教人员始终坚持观察，注视与倾听幼儿，耐心等待幼儿说话，在幼儿示意说完之前保持安静。	
1.3 保教人员无视幼儿同伴间的交谈，要求遵循教师指令。	3.3 保教人员允许幼儿轮流发起谈话。	5.3 保教人员引导幼儿轮流发起谈话，允许幼儿讨论，注视幼儿、理解并发现幼儿的想法。	

① 干扰幼儿主要指幼儿投入某一活动时，教师打断、掌控、主导谈话，更改谈话主题。

(四)课程实施及师幼互动 6. 发现和支持幼儿主动学习：保教人员为幼儿提供机会，允许幼儿根据自己的发展水平和节奏来探索、使用材料。		根据评分规则，在合适水平对本条目打"√"。 □1 □2 □3 □4 □5	
		如果观察和访谈都未发现，请在此打"√"。　□0	
水平1指标	水平3指标	水平5指标	证据/解释/轶事
1.1 保教人员期望幼儿用相同的方式使用材料，或必须以同样的方式制作一个作品。	3.1 保教人员有时会鼓励幼儿按自己的发展水平和节奏来探索和使用材料，或允许以自己的方式操作或手工创作。	5.1 保教人员鼓励幼儿按自己的发展水平和节奏来探索和使用材料。 如：在小组活动时，鼓励幼儿探索并操作材料做自己想做的东西。 在集体活动时，鼓励幼儿展示不同的肢体动作或表达不同的想法。	
1.2 保教人员不允许幼儿用自己独特或不同寻常的方式来操作材料。	3.2 保教人员有时会鼓励幼儿用自己独特的方式操作材料。	5.2 保教人员鼓励幼儿以自己独特的方式使用材料，并给予积极的点评或个性化指导建议。	
1.3 保教人员不鼓励幼儿重复一项活动。	3.3 当幼儿选择重复一项活动时，保教人员有时会给予支持。	5.3 当幼儿选择重复一项活动时，保教人员能留出时间给予支持，保持关注，做好适当记录，积极点评幼儿的坚持性。	

(四)课程实施及师幼互动 7. 鼓励幼儿同伴互动：在幼儿一日生活中，保教人员鼓励幼儿同伴之间互动并彼此寻求帮助。			根据评分规则，在合适水平对本条目打"√"。 □1　□2　□3　□4　□5 如果观察和访谈都未发现，请在此打"√"。　　□0	
水平 1 指标		水平 3 指标	水平 5 指标	证据/解释/轶事
1.1 保教人员不允许幼儿互相交流和沟通。		3.1 保教人员有时鼓励幼儿互相交流和沟通。	5.1 保教人员经常鼓励幼儿以自己的方式进行互动和交流，并为幼儿同伴互动的话题创设条件（如时间、空间、材料等）。	
1.2 保教人员在幼儿一日活动中禁止幼儿同伴间的合作游戏。		3.2 保教人员在幼儿一日活动中，有时鼓励幼儿进行合作游戏。	5.2 保教人员创造多种机会，让幼儿互相交流和合作游戏。即，保教人员寻找并支持幼儿自发的合作。	
1.3 保教人员无视幼儿同伴互动过程出现冲突。		3.3 在同伴互动过程出现冲突，保教人员能及时介入。	5.3 在同伴互动过程出现冲突，保教人员能听取双方声音并及时适当引导，尊重而不偏袒。	

（四）课程实施及师幼互动 8. 尊重并回应幼儿的想法：倾听幼儿声音，给予幼儿适当回应，向幼儿提出适宜的问题，注意提问方式，提出开放性的问题与幼儿正在进行的活动直接相关。				根据评分规则，在合适水平对本条目打"√"。 □1 □2 □3 □4 □5
				如果观察和访谈都未发现，请在此打"√"。　□0
水平1指标		水平3指标	水平5指标	证据/解释/轶事
1.1 保教人员控制或干扰幼儿的谈话。①		3.1 保教人员有时与幼儿分享谈话主导权。	5.1 保教人员允许幼儿轮流说话，耐心地等待幼儿提出想法，不打断幼儿谈话。	
1.2 保教人员没有倾听幼儿，幼儿被要求保持安静，听从保教人员的指令。		3.2 保教人员有时倾听幼儿声音，给予幼儿适当回应。	5.2 保教人员始终坚持观察和倾听幼儿，给予适当鼓励，耐心等待幼儿说话。	
1.3 保教人员向幼儿提出过多问题，主要以封闭性的问题为主或者预设只有一个标准答案的问题。		3.3 保教人员向幼儿提出适量的问题，注意提问方式，问题内容既有封闭性也有开放性的。	5.3 保教人员单独向幼儿提出问题，注意提问方式或语气，问题内容基本是开放性的，且与幼儿正在进行的活动直接相关。	

---

① 干扰幼儿主要指幼儿投入某一活动时，教师打断、掌控、主导谈话，更改谈话主题。

（四）课程实施及师幼互动 9. 肯定幼儿的努力过程：教师认可每一名幼儿的成果，以精神鼓励为主，鼓励同伴之间认可幼儿的努力和想法。		根据评分规则，在合适水平对本条目打"√"。 □1　□2　□3　□4　□5	
^^		如果观察和访谈都未发现，请在此打"√"。　　□0	
水平1指标	水平3指标	水平5指标	证据/解释/轶事
1.1 保教人员表扬幼儿言语单一，机械性重复（如"你真棒""给你点赞"等）。	3.1 保教人员能注视幼儿并给予表扬，肯定幼儿成果。	5.1 保教人员能注视幼儿，运用适当的语言或肢体语言表扬幼儿，肯定幼儿成果。	
1.2 保教人员对幼儿的成果给予奖励，如一些标记、贴画或其他奖品。	3.2 保教人员有时对幼儿的成果给予奖励，如语言表扬、贴画或其他奖品。	5.2 保教人员对幼儿的努力及成果，以精神奖励（适当语言表扬、设立先进榜、奖状等）为主，重视奖励时的仪式感，很少对幼儿进行物质奖励。	
1.3 保教人员不鼓励同伴之间认可幼儿的努力和想法。	3.3 保教人员有时鼓励同伴之间认可幼儿的努力和想法。	5.3 保教人员鼓励同伴之间的互动，发现同伴的优点或为同伴的努力过程点赞。	

(四)课程实施及师幼互动	根据评分规则，在合适水平对本条目打"√"。
10. 处理幼儿间突发冲突：安全状态下，鼓励让幼儿自己解决冲突，保教人员听取双方的声音，有必要时教师才介入，允许幼儿参与寻找并选择问题解决方案。	☐1 ☐2 ☐3 ☐4 ☐5
	如果观察和访谈都未发现，请在此打"√"。 ☐0

水平1指标	水平3指标	水平5指标	证据/解释/轶事
1.1 在幼儿发生冲突时，保教人员对幼儿进行羞辱、训斥或者惩罚。	3.1 保教人员对发生冲突的幼儿进行行为或道德上的评论。	5.1 保教人员采用理性、公正、发展性的方式对待幼儿的冲突问题。	
1.2 保教人员无视幼儿冲突。	3.2 保教人员在一定程度上对幼儿冲突进行调解。	5.2 保教人员在解决冲突前，先听取双方幼儿声音，认同、理解幼儿的感受，心平气和地调解冲突。	
1.3 保教人员在没有幼儿参与的情况下判断问题所在，或者存在误判、偏袒一方。	3.3 保教人员根据双方幼儿陈述，判断问题所在。	5.3 保教人员允许幼儿参与厘清问题的过程。允许冲突的幼儿重新陈述自己的观点或难过之处。	
1.4 保教人员解决问题时不容幼儿解释。	3.4 保教人员有时以自己的想法决定幼儿冲突的解决方案。	5.4 保教人员允许幼儿参与寻找并选择问题解决方案的过程，达成冲突幼儿和解方案。	

（五）课程评价

（五）课程评价 1. 教师观察记录与反思：班级有专用的幼儿活动记录表格或记录本，教师经常性地记录幼儿活动情况或个案轶事，记录信息完整、客观并据此为幼儿优化教学计划。			根据评分规则，在合适水平对本条目打"√"。 □1　□2　□3　□4　□5 如果观察和访谈都未发现，请在此打"√"。　□0	
水平1指标	水平3指标	水平5指标	证据/解释/轶事
1.1 保教人员没有为幼儿的活动做必要的记录。	3.1 保教人员有时为幼儿的活动做必要的记录。	5.1 保教人员每天记录并讨论幼儿的轶事或个案。①	
1.2 没有设置专用于记录幼儿活动的表格或记录本。	3.2 有设置用于记录幼儿活动的表格或记录本，但基本信息不够完整。②	5.2 设有专用的幼儿活动记录表格或记录本，且基本信息完整，图文并茂。	
1.3 没有观察到本学期内幼儿游戏活动的成果或作品收集汇总。	3.3 观察到本学期内部分幼儿游戏活动的成果或作品汇总。	5.3 设有每位幼儿游戏活动的成果或作品汇总栏，位置方便幼儿取放，且有序存放每位幼儿本学期的作品。	
1.4 保教人员的记录主要反映的是教师的主观判断而非幼儿的言行。	3.4 保教人员的记录部分能客观反映幼儿的活动特点。	5.4 保教人员的记录客观，反映幼儿一日生活的言行，具体形象。	
1.5 记录内容主要是关注于幼儿的消极行为和不足之处。	3.5 记录有时关注幼儿的优势能力及表现。	5.5 记录内容主要是关注于幼儿的积极行为或个体优势智能的表现。	
1.6 保教人员没有利用记录为幼儿优化教学计划或没有向家长分享。	3.6 保教人员有时利用记录为幼儿优化教学计划或向家长分享。	5.6 保教人员根据记录作有效反思，并为幼儿优化教学计划或向家长分享相关信息。	

① 询问本班保教人员：你会记录幼儿的活动行为吗？（如果会）你是怎样记录的？记录包含哪些信息？你利用这些信息优化教学方案吗？你会和家长一起分享这些个案记录吗？

② 记录的基本信息主要包括时间，地点，记录人，幼儿人数，幼儿的姓名，活动过程描述、分析、反思与启示等。

（五）课程评价 2. 幼儿的档案记录①：为每一位幼儿建立个人档案袋，基本信息标识清楚，并不断更新记录信息，档案记录连续完整。		根据评分规则，在合适水平对本条目打"√"。 □1 □2 □3 □4 □5	
			如果观察和访谈都未发现，请在此打"√"。　□0	
水平1指标	水平3指标	水平5指标	证据/解释/轶事
1.1 没有为幼儿准备个人档案，但观察到零散的记录。	3.1 每一位幼儿都备有个人档案，基本信息完整，但没有观察到近1个月内更新的记录信息。	5.1 每一位幼儿都备有个人档案，基本信息完整，保教人员至少1个月更新一次幼儿的记录信息。	
1.2 不允许家长查看自己幼儿的个案档案。	3.2 家长有查阅幼儿档案需求时，允许家长查看自己幼儿的个案档案。	5.2 保教人员定期邀请家长讨论幼儿发展情况，并且家长和老师一起分析档案记录，商议幼儿的发展计划。	
1.3 幼儿档案信息每学期记录不连续，不完整。	3.3 有部分幼儿的档案信息每学期记录是连续、完整的。	5.3 所有幼儿档案信息每学期记录是连续、完整的。如果保教人员变动，可查阅教师交接档案的记录情况。	

---

① 幼儿个人档案基本信息主要包括：幼儿姓名和出生日期，父母或监护人的姓名，家庭住址和电话号码，幼儿免疫记录，健康和疾病情况，意外事故报告等。幼儿阶段性的发展评价，有家访记录，家长/教师沟通记录，幼儿的重要成果或作品等。

（五）课程评价 3. 观察评价工具的运用：教师了解幼儿观察评价工具，并定期使用被证实有一定信度和效度的幼儿观察评价工具来评价幼儿的发展进步。		根据评分规则，在合适水平对本条目打"√"。 □1　□2　□3　□4　□5	
^^		如果观察和访谈都未发现，请在此打"√"。　　□0	
水平 1 指标	水平 3 指标	水平 5 指标	证据/解释/轶事
1.1 教师都不了解幼儿观察评价工具。	3.1 部分教师了解幼儿观察评价工具。	5.1 班级保教人员至少 1 位教师接受过幼儿观察评价方面培训，至少熟悉一种观察评价工具（如学习故事等），了解评价的信度和效度的取样系统。①	
1.2 教师没有使用幼儿观察评价工具评价幼儿的发展和进步。	3.2 教师每年使用一次幼儿观察评价工具评价幼儿的发展和进步。	5.2 教师至少每学期使用一次幼儿观察评价工具评价幼儿的发展和进步。	
1.3 没有对评价结果进行反思及整改。	3.3 有时对评价结果进行反思及整改。	5.3 对评价结果进行系统性反思，班级保教人员针对评价结果开展客观分析并提出整改方案。	

---

① 询问班级教师：你有参加过哪些观察评价方面的培训学习？使用幼儿观察评价工具吗？（如果是）这一工具的名称是什么？

（五）课程评价 4. 家园共育的反馈：成立班级家委会，工作效果良好。教师与家长沟通顺畅，定期召开家长会或组织开放日等。			根据评分规则，在合适水平对本条目打"√"。 ☐1 ☐2 ☐3 ☐4 ☐5
			如果观察和访谈都未发现，请在此打"√"。 ☐0
水平1指标	水平3指标	水平5指标	证据/解释/轶事
1.1 没有成立班级家委会。	3.1 成立班级家委会，但很少沟通。	5.1 成立了班级家委会，制度齐全，成为班级家园共育的主要力量，沟通顺畅，工作效果良好。	
1.2 没有观察到教师与本班幼儿家长沟通记录情况（包括家园联系栏、家访、电访和亲子活动等）。①	3.2 观察到教师与本班部分幼儿家长沟通记录情况。家园联系栏规划在显著位置。	5.2 有教师与本班所有幼儿家长沟通记录情况系统，信息完整。家园联系栏内信息更新及时，内容适宜。	
1.3 保教人员不听取或不采纳家长的合理意见或建议。	3.3 保教人员有时听取或采纳家长的合理意见或建议。	5.3 保教人员经常主动与家长沟通，对家长的合理意见或建议及时采纳。	
1.4 没有观察到每学期家长会或开放日的记录。	3.4 每学期家长会、开放日和亲子活动都有记录。	5.4 每学期进行家长会、开放日和亲子活动等，信息记录完整，且家长成为活动的主动参与或分享者。	

---

① 家园联系形式主要包括家长开放日，家长会，亲子活动，即时沟通方式（微信或班级专用沟通平台等），设置家园互动宣传栏，家访，电访和接待家长来访等。

六、评价汇总表

幼儿园名称：_____；评价班级：_____；评价者姓名：_____；评价日期：____年____月____日

使用数字（1、2、3、4、5）对每个条目进行评价。如果某个条目没有评分，填写"0"（表示观察和访谈都未发现）。

（一）学习环境			
1. 室内环境的安全性		2. 室内活动区角的规划性	
3. 活动区角的合理性		4. 区角材料投放及其标识	
5. 区角材料的多样性		6. 区角材料的开放性	
7. 户外环境的安全性		8. 幼儿的作品成果展示	
（二）一日生活常规			
1. 一日流程相对固定		2. 一日流程环节合理	
3. 幼儿自主活动时间		4. 幼儿户外活动时间	
5. 幼儿小组活动时间		6. 幼儿集体活动时间	
7. 幼儿分享成果时间		8. 合理过渡环节时间	
9. 幼儿餐点盥洗时间		10. 幼儿充分午睡时间	
（三）课程计划			
1. 课程教学计划		2. 课程教学内容	
3. 课程教学过程		4. 教师协同效果	

续表

（四）课程实施及师幼互动			
1. 营造温暖友爱的氛围		2. 关注幼儿入园情绪	
3. 满足幼儿基本生理需求		4. 支持与鼓励幼儿自主选择	
5. 倾听幼儿的表达		6. 发现和支持幼儿主动学习	
7. 鼓励幼儿同伴互动		8. 尊重并回应幼儿的想法	
9. 肯定幼儿的努力过程		10. 处理幼儿间突发冲突	
（五）课程评价			
1. 教师观察记录与反思		2. 幼儿的档案记录	
3. 观察评价工具的运用		4. 家园共育的反馈	

班级观察评分统计总分为：_____（已评分的条目得分之和）

七、评价反馈报告

评价人与评价班级信息

报告撰写人员		评价小组成员	
观察评价时间		被评价幼儿园	
观察班级名称		班级保教组成员	

班级观察质量评价反馈（请配照片、文字描述等作为证据支持）

（一）学习环境	
优点	不足

整改优化建议：

续表

（二）一日生活常规

优点	不足

整改优化建议：

（三）课程计划

优点	不足

整改优化建议：

续表

（四）课程实施及师幼互动	
优点	不足
整改优化建议：	

（五）课程评价	
优点	不足
整改优化建议：	

附录一

幼儿园保育教育质量评估指南

为深入贯彻全国教育大会精神，加快建立健全教育评价制度，促进学前教育高质量发展，根据中共中央、国务院《关于学前教育深化改革规范发展的若干意见》和《深化新时代教育评价改革总体方案》精神，制定本指南。

一、总体要求

（一）指导思想

以习近平新时代中国特色社会主义思想为指导，全面贯彻党的教育方针，落实立德树人根本任务，遵循幼儿发展规律和教育规律，完善以促进幼儿身心健康发展为导向的学前教育质量评估体系，切实扭转不科学的评估导向，强化评估结果运用，推动树立科学保育教育理念，全面提高幼儿园保育教育水平，为培养德智体美劳全面发展的社会主义建设者和接班人奠定坚实基础。

（二）基本原则

1. 坚持正确方向。坚持社会主义办园方向，践行为党育人、为国育才使命，树立科学评价导向，推动构建科学保育教育体系，整体提升幼儿园办园水平和保育教育质量。

2. 坚持儿童为本。尊重幼儿年龄特点和成长规律，注重幼儿发展的整体性和连续性，坚持保教结合，以游戏为基本活动，有效促进幼儿身心健康发展。

3. 坚持科学评估。完善评估内容，突出评估重点，改进评估方式，切实扭转"重结果轻过程、重硬件轻内涵、重他评轻自评"等倾向。

4. 坚持以评促建。充分发挥评估的引导、诊断、改进和激励功能，注重过程性、发展性评估，引导办好每一所幼儿园，促进幼儿园安全优质发展。

二、评估内容

坚持以促进幼儿身心健康发展为导向，聚焦幼儿园保育教育过程质量，评估内容主要包括办园方向、保育与安全、教育过程、环境创设、教师队伍等5个方面，共15项关键指标和48个考查要点。

（一）办园方向。包括党建工作、品德启蒙和科学理念等3项关键指标，旨在促进幼儿园全面贯彻党的教育方针，落实立德树人根本任务，强化党组织战斗堡垒作用，树立科学保育教育理念，确保正确办园方向。

（二）保育与安全。包括卫生保健、生活照料、安全防护等3项关键指标，旨在促进幼儿园加强膳食营养、疾病预防、健康检查等工作，建立合理的生活常规，强化医护保健人员配备、安全保障和制度落实，确保幼儿生命安全和身心健康。

（三）教育过程。包括活动组织、师幼互动和家园共育等3项关键指标，旨在促进幼儿园坚持以游戏为基本活动，理解尊重幼儿并支持其有意义地学习，强化家园协同育人，不断提高保育教育质量。

（四）环境创设。包括空间设施、玩具材料等2项关键指标，旨在促进幼儿园积极创设丰富适宜、富有童趣、有利于支持幼儿学习探索的教育环境，配备数量充足、种类多样的玩教具和图画书，有效支持保育教育工作科学实施。

（五）教师队伍。包括师德师风、人员配备、专业发展和激励机制等4项关键指标，旨在促进幼儿园加强教师师德工作，注重教师专业能力建设，提高园长专业领导力，采取有效措施激励教师爱岗敬业、潜心育人。

三、评估方式

（一）注重过程评估。重点关注保育教育过程质量，关注幼儿园提升保教水平的努力程度和改进过程，严禁用直接测查幼儿能力和发展水平的方式评估幼儿园保育教育质量。

（二）强化自我评估。幼儿园应建立常态化的自我评估机制，促进教职工主动参与，通过集体诊断，反思自身教育行为，提出改进措施。同时，有效发挥外部评估的导向、激励作用，有针对性地引导幼儿园不断完善自我评估，改进保育教育工作。

（三）聚焦班级观察。通过不少于半日的连续自然观察，了解教师与幼儿互动情况，准确判断教师对促进幼儿学习与发展所做的努力与支持，全面、客观、真实地了解幼儿园保育教育过程和质量。外部评估的班级观察采取随机抽取的方式，覆盖面不少于各年龄班级总数的三分之一。

四、组织实施

（一）加强组织领导。各地要高度重视幼儿园保育教育质量评估工作，将其作为促进学前教育高质量发展、办好人民满意教育的重要举措，纳入本地深化教育评价改革重要内容，建立党委领导、政府教育督导部门牵头、部门协同、多方参与的组织实施机制。各省（区、市）要结合实际，完善本地质量评估具体标准，编制幼儿园保育教育质量自评指导手册，增强质量评估的操作性，确保评估工作有效实施。要逐步将幼儿园保育教育质量评估工作与已经开展的对地方政府履行教育职责评价、学前教育普及普惠督导评估、幼儿园办园行为督导评估等工作统筹实施，避免重复评估，切实减轻基层和幼儿园迎检负担。

（二）明确评估周期。幼儿园每学期开展一次自我评估，教育部门要加强对幼儿园保育教育工作和自评的指导。县级督导评估依据所辖园数和工作需要，原则上每3—5年为一个周期，确保每个周期内覆盖所有幼儿园。省、市结合实际适当开展抽查，具体抽查比例由各省（区、市）自行确定。

（三）强化评估保障。各地要为幼儿园保育教育质量评估提供必要的经费保障，支持开展评估研究。要切实加强评估队伍建设，建立一支尊重学前教育规律、熟悉幼儿园保育教育实践、事业心责任感强、相对稳定的专业化评估队伍，评估人员主要由督学、学前教育行政人员、教研人员、园长、骨干教师等组成，强化评估人员专业能力建设。加强对本指南的学习培训，推动幼儿园园长、教师自觉运用对本指南自我反思改进，不断提高保育教育水平。

（四）注重激励引导。各地要将幼儿园保育教育质量评估结果作为对幼儿园表彰奖励、政策支持、资源配置、园长考核以及民办园年检、普惠性民办园认定扶持等方面工作的重要依据。对履职不到位、违反有关政策规定、违背幼儿身心发展规律、保教质量持续下滑的幼儿园，要及时督促整改，并视情况依法依规追究责任。要通过幼儿园保育教育质量评估工作，积极推动地方政府履行相应教育职责，为办好学前教育提供充分的条件保障和良好的政策环境。

（五）营造良好氛围。要广泛宣传国家关于学前教育改革发展的政策措施，深入解读幼儿园保育教育质量评估的重要意义、内容要求和指标体系，认真总结推广质量评估工作先进典型经验，有效发挥示范引领作用，积极开展国际交流与合作，营造有利于促进学前教育高质量发展的良好氛围。

附件

幼儿园保育教育质量评估指标

重点内容	关键指标	考查要点
A1. 办园方向	B1. 党建工作	1. 健全党组织对幼儿园工作领导的制度机制，以政治建设为统领，加强幼儿园领导班子建设，推进党的工作与保育教育工作紧密融合。 2. 落实幼儿园党的组织和党的工作全覆盖，加强教师思想政治工作，落实党风廉政建设责任制和意识形态工作责任制，坚持党建带团建，充分发挥工会、共青团等群团组织的作用。 3. 坚持社会主义办园方向，积极研究制定幼儿园发展规划和年度工作计划。
	B2. 品德启蒙	4. 全面贯彻党的教育方针，落实立德树人根本任务，坚持保育教育结合，将培育和践行社会主义核心价值观融入保育教育全过程，注重从小做起、从点滴做起，为培养德智体美劳全面发展的社会主义建设者和接班人奠基。 5. 注重幼儿良好品德和行为习惯养成，潜移默化贯穿于一日生活和各项活动，创设温暖、关爱、平等的集体生活氛围，建立积极和谐的同伴关系；帮助幼儿学会生活，养成自己的事情自己做的习惯，培育幼儿爱父母长辈、爱老师同伴、爱集体、爱家乡、爱党爱国的情感。
	B3. 科学理念	6. 遵循幼儿身心发展规律和学前教育规律，尊重幼儿个体差异，坚持以游戏为基本活动，珍视生活和游戏的独特教育价值。 7. 充分尊重和保护幼儿的好奇心和探究兴趣，相信每一个幼儿都是积极主动、有能力的学习者，最大限度地支持和满足幼儿通过直接感知、实际操作和亲身体验获取经验的需要。不提前教授小学阶段的课程内容，不搞不切实际的特色课程。

续表

重点内容	关键指标	考查要点
A2. 保育与安全	B4. 卫生保健	8. 膳食营养、卫生消毒、疾病预防、健康检查等工作制度和岗位职责健全，并认真抓好落实。 9. 科学制定带量食谱，确保幼儿膳食营养均衡，引导幼儿养成良好饮食习惯。 10. 教职工具有传染病防控常识，认真落实传染病报告制度，具备快速应对和防控处置能力。 11. 按资质要求配备专（兼）职卫生保健人员，认真做好幼儿膳食指导、晨午检和健康观察、疾病预防、幼儿生长发育监测等工作。
	B5. 生活照料	12. 帮助幼儿建立合理生活常规，引导幼儿根据需要自主饮水、盥洗、如厕、增减衣物等，养成良好的生活卫生习惯。 13. 指导幼儿进行餐前准备、餐后清洁、图画书与玩具整理等自我服务，引导幼儿养成劳动习惯，增强环保意识、集体责任感。 14. 制定并实施与幼儿身体发展相适应的体格锻炼计划，保证每天户外活动时间不少于2小时，体育活动时间不少于1小时。 15. 重视有特殊需要的幼儿，尽可能创造条件让幼儿参与班级的各项活动，同时给予必要的照料。根据需要及时与家长沟通，帮助幼儿获得专业的康复指导与治疗。
	B6. 安全防护	16. 认真落实幼儿园各项安全管理制度和措施，每学期开学前分析研判潜在的安全风险，有针对性地完善安全管理措施。 17. 保教人员具有安全保护意识，做好环境、设施设备、玩具材料等方面的日常检查维护，及时消除安全隐患。发生意外时，优先保护幼儿的安全。 18. 幼儿园切实把安全教育融入幼儿一日生活，帮助幼儿学习判断环境、设施设备和玩具材料可能出现的安全风险，增强安全防范意识，提高自我保护能力。

续表

重点内容	关键指标	考查要点
A3. 教育过程	B7. 活动组织	19. 认真按照《幼儿园教育指导纲要》《3—6岁儿童学习与发展指南》要求，结合本园、班实际，每学期、每周制定科学合理的班级保教计划。 20. 一日活动安排相对稳定合理，并能根据幼儿的年龄特点、个体差异和活动需要做出灵活调整，避免活动安排频繁转换、幼儿消极等待。 21. 以游戏为基本活动，确保幼儿每天有充分的自主游戏时间，因地制宜为幼儿创设游戏环境，提供丰富适宜的游戏材料，支持幼儿探究、试错、重复等行为，与幼儿一起分享游戏经验。 22. 发现和支持幼儿有意义的学习，采用小组或集体的形式讨论幼儿感兴趣的话题，鼓励幼儿表达自己的观点，提出问题、分析解决问题，拓展提升幼儿日常生活和游戏中的经验。 23. 关注幼儿学习与发展的整体性，注重健康、语言、社会、科学、艺术等各领域有机整合，促进幼儿智力和非智力因素协调发展，寓教于生活和游戏中。 24. 关注幼儿发展的连续性，注重幼小科学衔接。大班下学期采取多种形式，有针对性地帮助幼儿做好身心、生活、社会和学习等多方面的准备，建立对小学的积极期待和向往，促进幼儿顺利过渡。
	B8. 师幼互动	25. 教师保持积极乐观愉快的情绪状态，以亲切和蔼、支持性的态度和行为与幼儿互动，平等对待每一名幼儿。幼儿在一日活动中是自信、从容的，能放心大胆地表达真实情绪和不同观点。 26. 支持幼儿自主选择游戏材料、同伴和玩法，支持幼儿参与一日生活中与自己有关的决策。 27. 认真观察幼儿在各类活动中的行为表现并做必要记录，根据一段时间的持续观察，对幼儿的发展情况和需要做出客观全面的分析，提供有针对性地支持。不急于介入或干扰幼儿的活动。 28. 重视幼儿通过绘画、讲述等方式对自己经历过的游戏、阅读图画书、观察等活动进行表达表征，教师能一对一倾听并真实记录幼儿的想法和体验。 29. 善于发现各种偶发的教育契机，能抓住活动中幼儿感兴趣或有意义的问题和情境，能识别幼儿以新的方式主动学习，及时给予有效支持。 30. 尊重并回应幼儿的想法与问题，通过开放性提问、推测、讨论等方式，支持和拓展每一个幼儿的学习。 31. 理解幼儿在健康、语言、社会、科学、艺术等各领域的学习方式，尊重幼儿发展的个体差异，发现每个幼儿的优势和长处，促进幼儿在原有水平上的发展。不片面追求某一领域、某一方面的学习和发展。

续表

重点内容	关键指标	考查要点
A3. 教育过程	B9. 家园共育	32. 幼儿园与家长建立平等互信关系，教师及时与家长分享幼儿的成长和进步，了解幼儿在家庭中的表现，认真倾听家长的意见建议。 33. 家长有机会体验幼儿园的生活，参与幼儿园管理，引导家长理解教师工作对幼儿成长的价值，尊重教师的专业性，积极参与并支持幼儿园的工作，成为幼儿园的合作伙伴。 34. 幼儿园通过家长会、家长开放日等多种途径，向家长宣传科学育儿理念和知识，为家长提供分享交流育儿经验的机会，帮助家长解决育儿困惑。 35. 幼儿园与家庭、社区密切合作，积极构建协同育人机制，充分利用自然、社会和文化资源，共同创设良好的育人环境。
A4. 环境创设	B10. 空间设施	36. 幼儿园规模与班额符合国家和地方相关规定，合理规划并灵活调整室内外空间布局，最大限度地满足幼儿游戏活动的需要。除综合活动室外，不追求设置专门的功能室，避免奢华浪费和形式主义。 37. 各类设施设备安全、环保，符合幼儿的年龄特点，方便幼儿使用和取放，满足幼儿逐步增长的独立活动需要。提供必要的遮阳遮雨设施设备，确保特殊天气条件下幼儿必要的户外活动能正常开展。
	B11. 玩具材料	38. 玩具材料种类丰富，数量充足，以低结构材料为主，能够保证多名幼儿同时游戏的需要。尽可能减少幼儿使用电子设备。 39. 幼儿园配备的图画书应符合幼儿年龄特点和认知水平，注重体现中华优秀传统文化和现代生活特色，富有教育意义。人均数量不少于10册，每班复本量不超过5册，并根据需要及时调整更新。幼儿园不得使用幼儿教材和境外课程，防止存在意识形态和宗教等渗透的图画书进入幼儿园。

续表

重点内容	关键指标	考查要点
A5. 教师队伍	B12. 师德师风	40. 教职工有坚定的政治信仰，按照"四有"好教师标准履行幼儿园教师职业道德规范，爱岗敬业，关爱幼儿，严格自律，没有歧视、侮辱、体罚或变相体罚等有损幼儿身心健康的行为。 41. 关心教职工思想状况，加强人文关怀，帮助解决教职工思想问题与实际困难，促进教职工身心健康。
	B13. 人员配备	42. 幼儿园教职工按国家和地方相关要求配备到位，并做到持证上岗，无岗位空缺和无证上岗情况。 43. 幼儿园教师符合专业标准要求，保育员受过幼儿保育职业培训，保教人员熟知学前儿童身心发展规律，具有较强的保育教育实践能力。园长应具有五年以上幼儿园教师或者幼儿园管理工作经历，具有较强的专业领导力。
	B14. 专业发展	44. 园长能与教职工共同研究制订符合教职工自身特点的专业发展规划，提供发展空间，支持他们有计划地达成专业发展目标。 45. 制订合理的教研制度并有效落实，教研工作聚焦解决保育教育实践中的困惑和问题，注重激发教师积极主动反思，提高教师实践能力，增强教师专业自信。 46. 园长能深入班级了解一日活动和师幼互动过程，共同研究保育教育实践问题，形成协同学习、相互支持的良好氛围。
	B15. 激励机制	47. 树立正确激励导向，突出日常保育教育实践成效，克服唯课题、唯论文等倾向，注重通过表彰奖励、薪酬待遇、职称评定、岗位晋升、专业支持等多种方式，激励教师爱岗敬业、潜心育人。 48. 善于倾听、理解教职工的所思所做，发现和肯定每一名教职工的闪光点和成长进步，教职工能够感受到来自园长和同事的关心与支持，有归属感和幸福感。

57

附录二

构建科学评估体系　全面提高幼儿园保教质量
——教育部基础教育司负责人就《幼儿园保育教育质量评估指南》答记者问

近日，教育部印发了《幼儿园保育教育质量评估指南》（以下简称《评估指南》）。教育部基础教育司负责人就《评估指南》有关内容回答了记者提问。

1. 请问《评估指南》出台的背景是什么？

答：一是贯彻党中央决策部署的重要举措。党的十九届五中全会提出建设高质量教育体系。中共中央、国务院《关于学前教育深化改革规范发展的若干意见》和《深化新时代教育评价改革总体方案》都明确要求，国家制定幼儿园保教质量评估指南，各省（区、市）完善幼儿园质量评估标准。二是提高学前教育质量的迫切需要。经过连续实施三期行动计划，学前教育实现了基本普及目标，迈入全面普及和高质量发展的新阶段，迫切需要加强幼儿园保教质量评估，发挥好质量评估的引领、诊断、改进和激励作用，引导各类幼儿园树立正确的质量观，科学实施保育教育。三是深化学前教育评价改革的必然要求。长期以来，各地幼儿园保教质量评估普遍存在"重结果轻过程、重硬件轻内涵、重他评轻自评"等倾向，难以适应学前教育高质量发展的新要求，亟待从国家层面出台指南，强化科学导向，加强规范引导，推动各地健全科学的幼儿园保教质量评估体系。

2. 请介绍一下《评估指南》的研制过程？

答：我们组建了由高校学前教育专家、学前教育行政干部、教研员、骨干幼儿园园长参加的专家团队，从理论与实践层面开展研究论证和文件起草工作。一是组织专题研究。组织有关专家成立课题组，全面梳理了各省（区、市）的幼儿园保教质量评估标准和指标体系，对美、英、德、澳、法等国家和地区的学前教育评估标准进行了比较研究，总结和学习借鉴已有经验。二是深入开展调研。多次赴基层开展实地调查，分析了解幼儿园保教质量现状，召开20余场座谈会，广泛听取高校专家、行政人员、教研人员及园长教师等不同层面的意见建议。三是认真研制文本。在前期深入研究的基础上，进一步明确了《评估指南》的研制思路、基本原则、评估内容与方式，特别是围绕幼儿园保教特点、质量评估价值取向、指标体系进行了多次研讨，反复修改，形成了指南文本。四是广泛征求意见。初稿形成后，召开多次座谈会，征求学前教育专家、行政、教研人员及一线园长教师的意见建议，广泛征求各省级教育部门的意见，并根据各方意见做了多次修改完善。

3. 请问《评估指南》起草的基本思路是什么？

答：《评估指南》立足建立科学评估导向，促进幼儿园保教质量提升，在研制过程中总体把握以下几点：一是体现引领性。

坚持社会主义办园方向，全面贯彻党的教育方针，引导幼儿园树立科学的保教质量观，尊重幼儿年龄特点和发展规律，推动幼儿园不断提升科学保教水平。二是体现针对性。聚焦落实促进幼儿身心全面和谐发展的培养目标和深化幼儿园教育改革的重点任务，着力扭转地方幼儿园质量评估存在的问题，不断改进幼儿园保教质量。三是体现发展性。充分发挥教育评估的引导、诊断、改进、激励功能，强化过程评估，重点关注保育教育过程质量，关注幼儿园提升保教水平的努力程度和改进过程，支持幼儿园自我诊断、自我完善、自我提升。四是体现操作性。对评估的重点内容、关键指标和具体考查要点，以及评估方式、组织实施等方面提出明确要求，为地方具体实施提供了可操作的指引，确保导向清晰，解决实际问题。

4. 请问《评估指南》提出哪些重点评估内容？

答：《评估指南》以促进幼儿身心健康发展为导向，聚焦幼儿园保育教育过程质量，围绕办园方向、保育与安全、教育过程、环境创设、教师队伍等五个方面提出15项关键指标和48个考查要点。在办园方向方面，围绕"党建工作、品德启蒙、科学理念"提出3项关键指标和7个考查要点，旨在加强党对学前教育的全面领导，促进幼儿园全面贯彻党的教育方针，确保社会主义办园方向；在保育与安全方面，围绕"卫生保健、生活照料、安全防护"提出3项关键指标和11个考查要点，旨在促进幼儿园加强卫生保健与安全防护工作，确保幼儿生命安全和身心健康；在教育过程方面，围绕"活动组织、师幼互动、家园共育"提出3项关键指标和17个考查要点，旨在落实以游戏为基本活动要求，促进师幼有效互动，构建家园共育机制，促进幼儿身心全面发展；在环境创设方面，围绕"空间设施、玩具材料"提出2项关键指标和4个考查要点，旨在促进幼儿园创设丰富适宜、富有童趣、有利于支持幼儿学习探索的教育环境；在教师队伍方面，围绕"师德师风、人员配备、专业发展和激励机制"提出4项关键指标和9个考查要点，旨在加强教师队伍建设，采取有效措施激励教师爱岗敬业、潜心育人。

5. 请问《评估指南》对评估方式提出了哪些要求？

答：《评估指南》着力从三方面改进优化评估方式，切实提高评估工作的科学性、有效性。一是突出过程评估。针对幼儿园质量评估中重终结性结果评判、轻保教过程考察的问题，强调聚焦保育教育过程及影响保教质量的关键因素，通过对班级师幼互动情况、对保教实施过程中教职工的观念和行为的专业判断，着重考察幼儿园对《3—6岁儿童学习与发展指南》《幼儿园教育指导纲要》的具体落实情况，激励促进幼儿园不断发展提高。二是强化自我评估。针对幼儿园被动参与、难以发挥评估的激励作用问题，强调将自评作为提升教师专业能力的常态化手段，通过教职工深度参与，建立幼儿园自我诊断、反思和改进，外部评价激励引导的良性发展机制，切实转变园长教师的观念和行为，提高保教实践能力。三是聚焦班级观察。改变过去把关注点放在材料准备，评估过程走马观花，幼儿园忙于打造材料不堪重负的做法，在班级观察时间上强调不少于半日的连续自然观察，在观察的覆盖面上，强调不少于各年龄班级总数的三分之一，确保全面、客观、真实地了解幼儿园保育教育过程和质量，提高评估的实效性。

6. 请问如何组织实施幼儿园保教质量评估？

答：《评估指南》充分考虑各地的实际情况，对幼儿园保教质量评估实施提出了明确要求。一是要求各地建立党委领导、政府教育督导部门牵头、部门协同、多方参与的组织实施机制，完善评估标准，编制幼儿园保教质量自评指导手册，确保评估工作有效实施。二是明确评估周期。对自我评估，要求幼儿园每学期开展一次，教育部门要加强对幼儿园保教工作和自评的指导。对外部评估，要求县级督导评估依据所辖园数和工作需要，原则上每3—5年为一个周期，确保每个周期内覆盖所有幼儿园。省、市结合实际适当开展抽查。三是强化评估保障，要求各地提供必要的经费，建立专业的评估队伍，确保评估工作顺利实施。四是加强激励引导，强调将幼儿园保教质量评估结果作为对幼儿园表彰奖励、普惠性民办园认定扶持等方面工作的重要依据。同时，认真总结推广质量评估工作的典型经验，积极营造有利于促进学前教育高质量发展的良好氛围。

7. 请问实施《评估指南》应注意哪些问题？

答：幼儿园保育教育与义务教育学校和高中的系统学业学习有本质上的不同，实施幼儿园保教质量评估应注意把握好两点：

一是尊重学前教育规律和特殊性。学龄前儿童的学习以直接经验为主，主要是在日常生活和游戏中学习。因此，幼儿园保教质量评估强调尊重幼儿的学习特点和成长规律，珍视幼儿生活和游戏的独特价值，有针对性地创设环境和条件，支持和引导每个幼儿从原有水平向更高水平发展，不做专门的幼儿发展结果评估，在实施中应充分尊重学前教育规律和特殊性，严禁用直接测查幼儿能力和发展水平的方式评估幼儿园保教质量，以免引发强化训练的非科学做法，加剧家长和社会焦虑。二是处理好与办园行为督导评估的关系。目前各地普遍开展了办园行为督导评估和保教质量评估，应注意做好区分定位。幼儿园办园行为督导评估作为单纯的外部评估，主要是针对薄弱幼儿园，解决规范问题，侧重于基本办园条件和办园行为。幼儿园保教质量评估强化自我评估，聚焦保育教育过程及影响质量的关键要素，主要解决质量提升问题。在实施中应注意处理好二者之间的关系，既要有效促进幼儿园保教质量提升，又要注重统筹实施，避免重复评估，切实减轻基层和幼儿园的负担。